KINZAI バリュー叢書

リーガル・エクササイズ

裁判官から見た「法と社会」「事件と人」

加藤　新太郎 [著]

一般社団法人 **金融財政事情研究会**

■はじめに

　本書は、筆者が裁判官生活で見聞した出来事を通じて、法と社会・事件と人のかかわりについて綴ったエッセイ集である。『リーガル・エクササイズ』というタイトルをつけてみた。

　EXERCISE には、修練、課題、（精神力などを）働かせることという意味がある。

　民事裁判官は判決書によってその事件の結論を外部に表明する。判断を間違うことのないよう考え抜くが、敗訴判決を言い渡された当事者は面白くはないであろう。そこで、せめて理由くらいは明晰にしようと努め、汗をかく。訴訟上の和解で案件を解決しようと思うときも判決を書くのと同等の思考をめぐらせる。その意味で、裁判官の仕事は、常にエクササイズであるし、弁護士の仕事も同じくエクササイズである。

　本書に特色があるとすれば、次のようなものであろう。

　第1に、裁判官が、事件を通じて、社会・世間の実相と当事者・弁護士の実相を観察し、建前ではないもの思い（弁護士の苦労・裁判官の気づき）を吐露していることである。

　第2に、より大きなテーマであるわが国の風土における法や裁判の見られ方・あり方についても、法文化や司法制度の視点から語っていることである。

　第3に、対象とする読者は、弁護士や司法書士など法律専門職も視野に入れているが、むしろビジネス・パーソンをはじめ、一般の社会人、その予備軍である学生を想定していること

である。

　本書に収めたエッセイは、月刊誌『会社法務Ａ２Ｚ』（第一法規、2007年11月号～2012年10月号）に《「司法の小窓」から見た法と社会》というタイトルで連載されたものである。裁判所からの情報発信が必要な時代と言われ真に受けた粗忽な筆者の思いもあるが、大層なものではない。気楽に読み流していただき、「なるほど、そうなのか」と受け止めていただく事柄が少しでもあれば、幸いこの上もない。

　本書刊行にあたっては、金融財政事情研究会出版部の髙野雄樹氏に、テーマごとにエッセイを配列していただいた。よりよい書籍をつくり上げようという熱意をもった懇切な仕事ぶりに、心から感謝申し上げたい。

2015年1月

加藤　新太郎

■著者略歴■

加藤　新太郎（かとう　しんたろう）

東京高等裁判所判事（部総括）・博士（法学・名古屋大学）
1975年　東京地方裁判所判事補
1977年　ワシントン州立大学ロー・スクール客員研究員
1978年　名古屋家裁判事補
1980年　最高裁事務総局総務局付判事補
1983年　大阪地裁判事補
1985年　大阪地裁判事
1986年　釧路地家裁判事
1988年　司法研修所教官（第2部民事裁判担当）
1989～1992年　旧司法試験（第二次試験）考査委員（民法）
1992年　司法研修所事務局長
1998年　東京地方裁判所判事（部総括）
2001年　司法研修所上席教官（第1部裁判官研修担当）
2001～2004年　内閣司法制度改革推進本部法曹養成検討会委員
2002～2005年　文部科学省大学設置・学校法人審議会専門委員（大学設置分科会）
2005年　新潟地方裁判所長
2007年　水戸地方裁判所長
2009年　現職

[単行著書]

『民事事実認定論』（弘文堂、2014年）、『司法書士の専門家責任』（弘文堂、2013年）、『コモンベーシック弁護士倫理』（有斐閣、2006年）、『弁護士役割論〔新版〕』（弘文堂、2000年）、『手続裁量論』（弘文堂、1996年）。

[共著]

『コンメンタール民事訴訟法Ⅰ～Ⅵ』（日本評論社、2002～2014年）、『条解民事訴訟法〔第2版〕』（弘文堂、2011年）、『民事訴訟法の論争』（有斐閣、2007年）、『要件事実の考え方と実務〔第3版〕』（民事法研究会、2014年）。

［編著書］
『実務民事訴訟講座〔第3期〕』全6巻（共編著、日本評論社、2012～2013年）、『民事訴訟実務の基礎〔第3版〕』（編著、弘文堂、2011年）、『リーガル・コミュニケーション』（編著、弘文堂、2002年）、『リーガル・ネゴシエーション』（編著、弘文堂、2004年）、『手続裁量とその規律』（共編著、有斐閣、2006年）、『判例から学ぶ［民事事実認定］』（共編著、有斐閣、2006年）、『民事尋問技術〔第3版〕』（編著、ぎょうせい、2011年）、『民事事実認定と立証活動Ⅰ・Ⅱ』（編著、判例タイムズ社、2009年）、『民事事実認定』（共編著、判例タイムズ社、1999年）など。

目　次

ユニット 1
「裁判官」のリーガル・エクササイズ

1　裁判官になったのはなぜ ································· 2
2　「窓口研さん」の効用 ··································· 6
3　裁判官に求められる複眼的な思考 ··················· 10
4　暴かれた狂言 ·· 15
5　人証あれこれ ·· 19
6　当事者の嘘(うそ)の見分け方 ························· 23
7　娘夫婦への生前贈与 ··································· 27
8　一審判決と異なる控訴審での和解 ··················· 31
9　子役出身の裁判官 ······································ 35
10　ユーモアを一匙(さじ) ································ 39
11　思い出に残る「名の変更申立事件」 ················ 44

ユニット 2
「法律家」のリーガル・エクササイズ

12　法律家に必要な資質 ··································· 50
13　法律学をマスターする秘訣(ひけつ) ················ 55
14　法律家の初心と理想と流動化 ························ 59

15	深い知識と雑学	63
16	裁きの限界と法律家の役割	67
17	一枚上手をいくこと	71
18	詐話師(さわし)の肖像	75
19	弁護士の果たすべき役割	79
20	正直であること	83
21	準備書面が出せないわけ	87
22	領収書と支払いの事実	91
23	証拠提出された「不倫の手紙」	96
24	後味のよい審理	100
25	司法書士の犯罪	104

ユニット 3

個別事件からみる法と社会

26	社長の悩み、父親の逡巡(しゅんじゅん)	110
27	新居の地盤沈下と仲介業者の説明責任	114
28	不動産関係融資における金融機関の説明責任	118
29	大学入学を辞退すれば入学金・授業料は返還されるのか	122
30	「楽しいこともありました」	126
31	反対株主の株式買取請求における「公正な価格」算定の基準日	130
32	お墓と墓地をめぐる紛争	138

33	交錯する親の思い、子の思い	142
34	脱税をめぐる攻防	147
35	社会的広がりを持つ事件	151
36	債務免脱との戦い	155
37	裁判所構内で詐欺	159

ユニット 4

民事司法を考える

38	利用者調査から民事訴訟の運営のあり方を考える	164
39	新民事訴訟法で法律実務家は健康になったか	168
40	弁論準備手続の緊張と緩和	172
41	残念な陳述書	176
42	書かれていない判決理由	180
43	裁判官の補充尋問が意味するもの	184
44	「調停いろはかるた」を知っていますか	188
45	「調停いろはかるた」を覚えましたか	193

ユニット 5

法文化の国際比較

46	民事訴訟の利用は増えるか	200
47	ロイヤー・ジョークと米国社会の不満	204
48	米国の普通の裁判官	209

49	コーヒーをこぼしたら	213
50	母親代位物としての法	217
51	日韓交流レポート ——「日韓民事訴訟法共同研究集会」に参加して	221
52	「評決」	225

ユニット 6

企業法務・コンプライアンス

53	コンプライアンスのかけ声と現実（前編）	230
54	コンプライアンスのかけ声と現実（後編）	234
55	リーガル・リスクと交渉戦略・意思決定	238
56	株は勝手に買われてしまったのか	242
57	善き人のための民事裁判	246

ユニット 7

裁判官の日常

58	挨拶はたいへんだ	252
59	学者と実務家	256
60	日本人は、なぜ水戸黄門が好きなのか	261

ユニット 1

「裁判官」のリーガル・エクササイズ

裁判官になったのはなぜ

　法学部で講演をすると「どうして司法試験を目指したのですか」という質問を受ける。これに対して、法科大学院での講演だと「なぜ裁判官になったのですか」という質問になる。法科大学院の学生は、法曹（法律実務家）を目指して勉強しているのであるから、学部生とは質問に違いが出てくるのは当然である。親類縁者に裁判官がいることは稀であろうから、こうした質問をぶつけてみたいと思う気持ちはよくわかる。

❖……… アナウンサーになるために法学部に⁉

　小学校6年生のときに、クラス担任のY先生から、将来何になりたいかを訊かれたことがある。当時放映されていた、海外テレビドラマ『弁護士ペリー・メイスン』が大好きで、レイモンド・バー扮するペリー・メイスンが毎週法廷で検察官と対決して、依頼人の無罪を勝ち取っていく姿に喝采を送っていた。そこで、「弁護士になりたいです」。するとY先生は「弁護士は法の抜け道ばかりを探る仕事だから、君には向いていないと思うよ」と言われた。「しかし、ペリー・メイスンは違いますよ」と抗弁したが、Y先生は、優しく「あれは、ドラマだからね」と一蹴された。Y先生が善意でそう言われたことは子ども心にも理解でき、「そんなものか」と残念に思ったことがある。

　大学に進学する際の個別進路指導で、法学部を選択する理由を訊かれ、「ホウソーカイも視野に入れているから」と答えた。その折

の、I先生の反応は今でも記憶に鮮明である。曰く、「アナウンサーは法学部とはあまり関係ないだろう」。私が絶句すると、I先生は法曹界を放送界と取り違えたことに気づき、恥ずかしそうにされた。

そんなエピソードを経て、法学部に入ったが、正直に言えば就職でツブシが利くと思ったことが大きい。

法学の勉強は、どの法分野もそうであるが、多くの法概念の定義を正確に把握しないと議論にならないから、最初は砂を噛むようなものだ。我慢して続けていると、あるときに、どうしてそのように議論するのかという理由と内在的論理がわかり、突然目の前が開ける思いをする。しかも、その論理により、社会的な諸問題が規律されていて、極めて実践的な意味があることに気づくと、ますます面白くなる。

そうなると、「法学部だから司法試験を受験してみるか」という以上に、司法試験が将来の職業選択の一里塚として現実味を帯びてくる。法曹の仕事の実際はよくわからないが、人に使われる仕事でなく、自分の能力で世間を渡ることができ、社会的な意義もある、と次第に感じるようになっていった。そして、運よく司法試験をクリアできた。

司法修習生に採用された際には、検察官志望であった。検察官の仕事はわかりやすく、潔い感じがする。世の中の悪を退治する一翼を担い、素朴な正義感を満足させることができると思う。

検察の実務修習では、被疑者の取調べを体験する。被疑者の取調べは、警察での調べをもとに、背景事情の確認をしつつ、被疑事実を訊いていくもので、主体的に取り組める興味深い作業である。事前に記録を深く読み込み、その場で被疑者の心理にも目配りした臨

機のやり取りができるかで、取調べの質が左右される。指導検事は傍でその様子を眺め、さらに調書を点検する際、適宜コメントしてくれる。「君は、取調べが実にうまい。決裁を受けるときの報告の仕方もいい」などと褒めてもらうと、お世辞とわかってもうれしくなり、ますますその気になる。

しかし、当時の実務修習は、1年4カ月あり、検察修習の次は弁護修習であった。指導弁護士のI先生は、事業を手広く展開している親族がおられ、その関係で顧問先が多数あった。民事事件を主として扱い、事務所経営に余裕があるため、無理な事件は紹介者があっても断り、しかし勝敗の微妙な事件は時間をかけて準備し、鮮やかに勝訴するか、勝ち和解に持ち込むという模範的なスタイルの執務であった。

弁護修習の中で、民事の世界は広く、法律が錯綜しているところを整理して事実と規範を考えるという作業は大変面白いと感じた。また、顧問先との打ち合わせの折に社長の謦咳に接したり、個人の依頼者に感謝される姿をみると、弁護士もいいなと思い始めた。I先生には、「自分には子どもがない。将来事務所を譲るから一緒にやろう」と誘っていただき、感激した。わずか4カ月の付き合いで、そこまで言ってもらって、心を動かさない若者がいるであろうか。「大変ありがたい、身に余るお話ですが、実務修習をすべて経験してから、お返事したいと思います」とお答えして、裁判修習が始まった。

❖……… いよいよ裁判修習　その奥深さに魅せられて

ところが、裁判修習は一向に面白くない。裁判官は、質問すれば答えてくれるが、口の重い人が多く、検察官や弁護士と比べると、

仕事上の動きも少ない。法廷と裁判官室でのデスクワークが日常である。そして、裁判修習は、裁判官と一緒に行動して、その執務を観察することが中心である。事件記録を読み、法廷で公判や口頭弁論に同席し、判決起案もするが、他の修習と比較すると一番受け身でつまらないと感じた。

しかし、注意深くみてみると、裁判官は、実に楽しそうに仕事をしている。口が重いと感じた裁判官も打ち解ければ愉快な経験を話してくれる。民事部では、要領を得ない大部の準備書面から、ポイントを読み取り、うまく訴訟を進行させようとしている。「和解には苦労するよ」と言いながらも、当然のように粘り強く誠実に説得を重ねている。刑事部では、否認事件について証拠を丹念に検討して事実の細部にわたり肌理細かな合議を重ねている。また、裁判所の扱う事件は、民事も刑事も多種多様で、弁護修習でみた事件とは、事実認定においても、法律論においても、格段に難しく、やり甲斐のあるものが多そうだ。

裁判官の仕事は面白いはずだが、そう感じないギャップは何か。それを知りたい。先は長い。裁判官になってみて、やはりつまらなかったら、辞めればいい。民事の裁判官なら、辞めて弁護士になったときにも無駄にはならないだろう。

そう考えて、I先生と指導検事に、選択を告げに赴いた。どちらも「裁判官に任官するなら、それもいいでしょう」と快諾された。指導検事には「民事事件をやりたいから」という理由も述べたが、最初の勤務は、東京地裁の刑事部であった。

2 「窓口研さん」の効用

　散歩していると、人によく道を聞かれる。

　「モノを教えたげな顔つきをして歩いているからでは」と家人は言う。「モノ欲しげな」顔つきは卑しげであろうから、「モノを教えたげな顔つき」も感心しない。何か尋ねたら、親切に答えてくれそうな温厚で話しかけやすそうな顔つきとみる余地はないものか。

　外国人に道を尋ねられることもある。娘が幼い頃は、たどたどしく教えていても、「お父さんはスゴイ」という尊敬の視線を感じた（ように思う）。娘が中高生になると、同じような場面に遭遇しても、「その教え方ではわからないのではないか」などと批評をするようになった。カチンときて「文句を言うなら、自分でしてみたら」ということで、傍で聞いていると、なるほど、そういう言い方をすればいいのかと目からウロコが落ちる思いをしたことがあった。人間は、さまざまな場面で自信を失っていくものだと思う。

　リーガルな問題で、人生の途上で迷ったときに頼りになるのが、法律相談である。

　法律相談を成功させるポイントは、相談者の言いたいことがわかり、相手の理解能力に応じた説明ができるかどうかだ。法律相談に来る人は、何らかの問題に直面していて、これを法的観点から光を当て、解決したいと考えている。これに対して、法律相談に応える側は、弁護士や司法書士など法律専門家である。専門家と素人では、その持てる法律知識・法律情報に圧倒的な格差がある。

　専門家は、自分がわかっているものだから、基本的な事柄の説明

を丁寧にせず、場合によってはこれを省くことがある。もちろん、当事者の理解力にも配慮するが、平均的な人を基準に説明レベルを設定する。しかし、専門家が「ここまで噛み砕いた説明をすれば大体わかるはずだ」と思っていても、実はわかってはいないことは少なくない。法律専門家としては、相談者が理解できて初めて、説明したことになることを強く意識する必要がある。

❖ 新人判事補の手強い関門

相手の言いたいことがわかり、相手の理解度に応じた話ができるというスキルは、裁判官にも求められる。裁判員裁判の中で裁判員と評議していく上で、不可欠のスキルであるが、民事裁判官としても、家庭裁判所の家事・少年の裁判官にしても必要なものである。

そこで、新任の判事補は、裁判所の窓口に座り、訪れる人に手続案内などをする研修を受けている。これを「窓口研さん」という。もちろん裁判官だと名乗らずに応対するので、窓口に来る人は裁判官とは思わずに、クレームを含めていろいろなことを遠慮なく尋ねる。

窓口研さんがスタートした当初は、新任の判事補の側に、「こんなことをするために裁判官になったんじゃない」という反発がなかったわけではない。かつて、JRが国鉄であった時代には、学士さんでも切符切りから経験させたというが、現場を知らない幹部候補生ではいけないという思想は誤ってはいないと思う。しかも、現場で他者と円滑なコミュニケーションを取ることができるためには、それなりのスキルを備える必要がある。

これは、センスの問題もあって、最初からうまくできる人、そこそこにはうまくできる人、あまりうまくはできない人に分けられ

る。あまりうまくできない場合、新任判事補は、これはちょっとまずいと感じる。そして、多くは向上心旺盛であるから、何とかしようとモチベーションを形成する。

このように、窓口研さんでは、必ずしもうまく対応できなくてもよい。新任判事補が自分の力量を自覚し、足らないところを補っていこうという動機づけができれば成功なのである。

窓口研さんの経験交流もしており、その中で感想を聞く機会があった。印象に残ったもの二つを紹介しよう。

❖ ……… エピソード① **共感を示しつつ客観的視点を示唆**

A判事補は、家庭裁判所の窓口にしばしば訪れるBさんの話を、2時間半にわたって聞いた。Bさんは老人であるが、遮ることなく聞き続けていると、なぜ憤慨しているのかもだんだんわかってくる。

Bさんは「こういうことだから何とかしたい」という思いを語り続ける。それに対して、A判事補は「ああ、そうですか」と共感を示しつつ「しかしそれは、あなたの思っていることですよね」と相手方の存在を示唆するようにした。また、少し間を置いて「それを何か裏づけるものはありますか」と証拠の有無を訊いてみた。さらに「相手側の人はどのように思っているのでしょうか」と、相槌を打ちながらも、相談者の言い分が主観的なものであることを自覚させようと努めた。

Bさんは最後に、「いつもはもっと早く帰されるんだが、今日はじっくり聴いてもらえてよかった。自分としては、今日話せて大体考えがまとまったけれども、あなたの言ったことも考えてみたい」と述べ、何も手続を申し立てることなく、帰っていった。

A判事補は、Bさんの言い分は主観的、相対的なものだということを自覚させるべく応接し、Bさんもおぼろげながら、これを理解できたのだ。このエピソードは、A判事補が相談者の理解能力に応じた接し方のコツを会得したことを示すものであろう。

❖ ……… エピソード②　**人の振り見てわが振り直せ**

　C判事補は、受付相談の後で、担当のD書記官から「あなたの話し方は、フレンドリーでないですよ」と言われたという。正確ではあるが、堅苦しく、何かしゃちほこばっていて、聞く側の耳に届きにくいという意味であろう。なるほど、そういう語り口調の裁判官は、結構いるように思われる。言いにくいことをD書記官はよくぞ言ってくれたと思う。

　C判事補は、「話し方がフレンドリーでないのは、自分自身がフレンドリーでないからではないか」と受け止めた。それ以降、彼は同僚裁判官、先輩裁判官、書記官の話しぶり、語り口調を意識して聞き、「なるほど、自分の話ぶりは少し堅苦しいな」と反省し、自分がこれはよいと思う語り口調をまねするようにしているという。

　確かに、同じことを言ったとしても、話しぶり、語り口調によって好感度が左右されるし、説得力にも差が出る。これに気づいたC判事補は、窓口研さんを契機として、自己改善を目指しているのだ。

　C判事補は、窓口研さんの反省会で自分の経験を同期の判事補に披露してくれたが、その折の話しぶりは、大変フレンドリーであった。

3 裁判官に求められる複眼的な思考

　入国者収容所東日本入国管理センターの施設を見学した。茨城県牛久市にあり、「出入国管理及び難民認定法」に定める退去強制事由に該当してわが国から退去を強制される外国人を送還までの間収容する、法務省の施設である。

　訪問した平成18年には、ここだけで入所者は8573人を数え、5年前の5倍を超える状況であった（平成25年では470人に激減している）。国籍別では、中国、韓国、フィリピンが多く、タイ、イランがこれに次ぐ。母国の食習慣や宗教上の禁忌に配慮した食事を出していること、週5回戸外運動場で運動ができ、開放処遇していることなど、その実際を見聞することができた。

　同行した判事補が「自分の官舎よりきれいですよ」と冗談を飛ばしたほど清潔な施設であることが印象に残った。その帰路に、東京地裁で担当した、ある離婚訴訟を思い出した。裁判官の思考はどのようなものなのですかと、司法修習生に尋ねられた折に、語ることのあるエピソードである。

❖ エピソード　訴状から原告本人の意図を読み解くには

　このケースは、妻から夫に対する離婚請求訴訟である。離婚を求めている原告である妻は、中華人民共和国の国籍を有する外国人であり、被告である夫は日本人である。

　訴状の請求原因は、次のようなものであった。

一　原告（女性）は、中華人民共和国（中国）の国籍を有する外国人である。
二　原告は、平成９年頃被告（日本人男性）と知り合い、９月24日に同人と婚姻した。この婚姻は被告が原告の居住する中国上海市内に赴いて同国の方式によりされたものであり、原告は婚姻当初から今日までずっと中国に居住しており、一度も日本に来たことはない。
三　婚姻した当初の被告の話では、婚姻後は日本で二人で生活をしたいということであり、そのために速やかにビザの申請等原告を日本に呼ぶための手続を行うとのことであった。
四　しかるに、被告からは婚姻直後に一度原告の元に手紙が来たのみで、その後今日まで原告に全く連絡がなく、原告を悪意を持って遺棄して省みない。
　　原告は日本に住む実妹等を通じて被告の所在を探したが、一向にその所在はわからず、今日まで行方不明の状態が続いている。
五　こうした被告の行為は、民法770条１項２号に該当し、原告被告間には同条５号の婚姻を継続し難い重大な事由がある。
六　よって、原告は、請求の趣旨のとおりの判決を求める。

　訴状を一読すると、「原告は一度も日本に来たことがない」という記述に気づく。それでは、訴訟代理人の弁護士は、どのようにして、原告本人の離婚訴訟提起の意思を確認したのだろうか。これは、いわば常識的な疑問と言ってよい。
　この訴状からうかがうところによると、原告の妹と称する者が日本に住んでいるようであるから、その人から頼まれたのであろう。しかし、妹からの依頼があったとしても、本人の意思があると言え

るかどうかはわからない。しかも、そもそも妹と称する者が、本当に、原告の実の妹なのかどうかも確認する必要があるのではないか。

書面によって原告の意思を確認したのかもしれないが、その書面を原告が書いたという保証はあるのだろうか。また、原告本人に電話で確認したとしても、日本語は通じるのか、さらに、果たして電話口に出たのが原告本人かどうかもわからないのではないか。

要するに、原告の真意は、訴訟代理人としても確認できていないのではないか、そうした疑問がわいてくるのである。この点は、裁判所として、第1回口頭弁論期日を開く前に、原告訴訟代理人に釈明する必要がある。

❖ ……… 国際的な離婚訴訟に特有の法的問題にピンとくる

法的な問題としては、第1に、国際裁判管轄の問題がある。離婚訴訟を中国で扱うべきか、日本で扱うべきかは、日本に国際裁判管轄があるかどうかによって決まる。両方にあるということもある。両国に国際裁判管轄が競合しているとすると、原告は中国の国籍を有する者で、一度も日本に来たことがなく、さらに、問題となる婚姻は、上海市内で中国の方式でされたものである。そして、証人などの証拠方法はほとんど中国に所在する。それらを考えると、中国で訴えを起こすのが適当ではないかという疑問が生じる。

第2に、この婚姻は日本法で規律されるのか、中国法で規律されるのかという準拠法の問題がある。日本法が準拠法になると解してよいとも思われる。ただ、本件では、中国人の原告が中国でその国の方式で婚姻してずっと中国で生活しているのであるから、実質的観点からすると、日本法によって紛争解決することには問題がある

のではないかという疑問もある。

　第3に、原被告は、平成9年に婚姻して、それ以降、まともに家庭生活、夫婦共同体としての生活はしていない。被告は婚姻直後に日本に帰ってしまい、その後手紙が一度来ただけだ。そもそも被告は婚姻意思を持っていたかどうか、大いに疑問である。そうすると、本件の請求は、離婚請求でいいのか、婚姻無効確認請求の方がより適切ではないのかという法的問題があることになる。

❖……… 裁判官には複眼的な思考が求められる

　もう一つ、原告は今まで一度も来日したことがないと言っている。わが国では普通、国際結婚すれば外国人の配偶者にビザが発給される要件を満たすという判断がされる。それにもかかわらず、ビザが出ていないのは、原告にはビザを発給するのに障害となる事由（例えば、過去の不法入国・不法残留）があるのではないかと推測される。

　被告が行方不明であるから、被告に訴状を送達することはできず、本件は、公示送達事件という形式で訴訟を進行させることになる。その手続の中では、原告本人が法廷で質問を受けて、供述するという証拠調べが必要になってくる。そのような目的があると、入国希望者はビザを取ることが可能になる。そうすると、原告のこの訴訟提起の動機は、実は入国目的ではないかと疑われる。ただ、訴訟で尋問に応じるために入国したとしても、必ず出廷するとは限らない。そのまま身をくらますことも懸念されないではない。

　外国人に偏見を持つことは禁物であるが、さまざまな目的で、何とか来日したい、偽造パスポートを使ってでも入国したいという外国人が増加している現実がある。

裁判官は騙されてはいけない。実際のケースでは、裁判所から、原告の訴訟代理人に書面をもって釈明したところ、訴えが取り下げられて、事件は終了した。

暴かれた狂言

　その事件は、韓国人女性との養子縁組無効確認請求訴訟であった。原告Xは、次のように主張していた（訴訟代理人は、弁護士B）。

① 昭和60年に、Xと韓国人女性Yとの間の養子縁組届けが、Xの知らないうちに提出されていた。
② Xが戸籍上、Yを養子にしたことになっていることを知ったのは、昭和62年のことである。Xが、ある刑事事件の容疑を受けて警察に取り調べられた折に、取調べを受けた警察官から、その旨聞かされたのである。
③ Xが記憶をたどってみると、昭和60年頃、知人Aと会社を設立しようとしたことがあり、その手続に必要であるということで、Aに実印を預けたことがあった。しかし、その会社は設立されなかった。
④ Aが、Xから預けられた印鑑を悪用して、Xの知らない間に韓国人女性Yとの間の養子縁組届けをしたのではないかと、Xは推測している。
⑤ XはAと連絡を取ろうとしたが、連絡が取れず、その行方を探したが、見つからない。
⑥ Xは弁護士Bに相談し、法律扶助を受けて、Bに調査を依頼した。Bが法務省入国管理局登録課に照会したところ、「Yは昭和60年11月に入国し、翌61年10月に出国している」ことが判明した。
⑦ 現在、YもAもその所在は不明である。

⑧　そこでXは、Bに委任して、本件訴訟を提起するに至った。

　民事訴訟・人事訴訟は、当事者の権利義務にかかわるものであるから、裁判官は、双方の言い分を訊き、証拠を吟味した上で、事実を認定し、それに法律を適用して結論が示される。そこでまず、被告の言い分を訊くために、訴状が被告のもとに届けられる。しかし、この事件は、被告の所在がわからないのであるから、訴状を届けることも、その言い分を訊くこともできない。

　このような場合には、公示送達という方法により、事件が進められる。公示送達というのは、裁判所書記官が送達すべき書類を保管し、その名宛人が来ればいつでもこれを交付する旨を、裁判所の掲示場に掲示して行う送達方法である（民事訴訟法111条）。

❖ ……… 不可解な無効請求　実印を悪用された養子縁組

　このケースは公示送達事件として進行したが、その場合においても、証拠調べをして、事実を解明することは必要不可欠である。ただ、被告も所在不明、事実解明のカギを握るAも行方不明であるから、本件では、原告本人尋問をしてみて、その供述を信用することができるかどうかにかかる。

　その本人尋問において、原告は弁護士の質問に対して、その主張事実のとおり供述した。

　裁判官は、原告本人尋問をじっくり聴いて考えた。①は、「Xが知らないうちに」なのかどうかは別にして、戸籍謄本により、XY間で養子縁組がされていることは認定できる。②は、裏づけはないが、それほどの意味もない。⑥⑦⑧は認定することができる。

　重要なポイントとなるのは③である。なぜなら、この事実が存在

すれば、④の「預けられた印鑑をAが悪用し、Xの知らないうちに養子縁組届けがされた」のではないかと推認することができるからである。

本件では、養子縁組届けが送付嘱託という手続により裁判所に取り寄せられ、書証として提出されていた。裁判官は、この署名欄の筆跡と宣誓書のXの筆跡とを比較し、似ているようでもあり、似ていないようでもあると感じていた。

まず、裁判官は、Xに「Aと会社を設立するという話があり、実印を預けたというが、どのような会社を作ろうとしていたのか」と尋ねた。Xは「Aに任せていたので、よくわからない」と答えた。裁判官は、Xが印鑑証明付で実印を預けたこと確認した上で「そこまでしたのに、作る会社がどのようなものかわからないのはおかしくないか」と質問したが、Xの答えはなかった。

次に、裁判官は「会社の資金の手当をどうしたか」を尋ね、Xは「Aがすることになっていた」と答えた。裁判官はさらに、Xは出資するのか（しないという答え）、報酬についての取決めはあったか（会社の利益が上がるようになったら、出るという話だったという答え）、報酬はXが何をすることに対する報酬なのか（不明確であるが、会社設立のため名義を貸す報酬であるかのような答え）と畳みかけるように質問していった。Xは、次第にしどろもどろになった。

❖ ……「これはあなたの字、嘘を言うのは駄目ですよ」

ここで、裁判官は、Xに対し、さらに揺さぶりをかけようと考えて、養子縁組届けを示して「この書面の養親の署名欄の字は、あなたの宣誓書の字に似ているが、あなたの字ではないか」と踏み込んだ。Xは、すかさず「違います」。

裁判官は、「よくみてください。これは、あなたの字にしかみえませんよ。裁判所に来てそんな嘘を言うのは駄目ですよ」と一喝。Xは、「ウーン……」と絶句した。
　この対応は、嘘をつきましたと言っているのと同じである。そこで、裁判官は、穏やかに「言いにくい事情があるのかもしれませんが、裁判所では本当のことを述べてください」と諭した。Xは少し逡巡<small>しゅんじゅん</small>した後、養子縁組届けの養親の署名欄も自分の字であると認めた。そして、「Aから知り合いの韓国人女性を入国させ滞在させたいので、3カ月ほど戸籍を貸してくれと頼まれ、養子縁組届けに自分で署名した」という話を始めた。

❖ ……… 確信はなかったがあえて踏み込んだ結果

　このケースは、そこで明らかにされた事実に沿って、請求原因を改めて主張し直すこととされた。
　裁判官は、なぜXの嘘を見破ることができたのか。
　Xの人柄にはやや胡散<small>うさん</small>臭いところが感じられたが、それだけで信用性を判断するのは無理である。供述態度をみると、Xは緊張しているのは当然としても、裁判官からの質問に動揺を隠すことができなかったのは、見逃せない。
　何よりも、第三者が勝手に養子縁組届けをする事態は犯罪行為であって、よほどのことでなければされないし、会社設立のために他人に実印を預けた場合、それがどのような会社であるかを説明できないのは、極めて不自然である。
　そこで、裁判官は、養子縁組届けの養親の署名欄の字と宣誓書の字との同一性に確信があったわけではないが、あえて踏み込んで、Xを観念させることができたのである。

5　人証あれこれ

　民事訴訟において当事者が主張する事実の中には、裏づけのない本当かどうか疑わしいものもあれば、客観的な証拠のある動かない事実もある。また、経験則に照らして、事柄の経過としてそれほど違和感のない主張事実もあれば、通常の事態とは言えない展開をみせていることから、それなりの証拠がなければ認定は難しいという主張事実もある。そうした中で、裁判官は日常的に、「証人尋問、本人尋問の結果を、どのように評価して、事実認定をしていくか」という問題に当面している。

　証言の評価については、動かない事実との関連や経験則に照らして、合理的に真偽を判定するというのが、差し当たりの解答である。しかし、これだけでは、実務の指針としては十分とはいえない。

❖……… 裁判官は経験によって嘘や真相を見抜く技を磨く

　例えば、反対尋問で顔色を変えたり、言いよどんだりする証人の証言や本人の供述をどのように評価したらよいだろうか。

　今まで自信ありげに証言していた証人が反対尋問の一言で言葉が詰まり、しどろもどろになった場合、弱みがありそうだとわかることはある。しかし、弱点を毛ほどもみせずに、終始一貫の整然とした答えぶりをみせた場合でも、全体として胡散臭く、信用性に疑問符が付くケースもある。つまり、証人・本人の雰囲気や態度と信用性との関係は、ケース・バイ・ケースであり、これを一般化するこ

とは難しいのである。そこで、裁判官は、OJT（On the Job Training）で経験を積むことにより、何とかして証人や本人の嘘を見抜いて、真相に肉迫する技を磨いていくことに腐心する。

A裁判官は、ある著名な女優Bの本人尋問を行ったときに、それまでの実務経験は何だったのかと考え込むほどの衝撃を受けたという。Bは宣誓のときから、真摯に尋問に応じようという雰囲気を醸し出していた。A裁判官は、宣誓をこれ以上に上手に行う本人は見たことがなかった。

❖ エピソード　完璧な演技のできる証人や本人は存在するか

その事件の中心人物である被告Yは、気学、方位学に基づく運勢鑑定家を自称する初老の女性であった。Yは、相談者に不吉なことを告げ、不安をあおって、現金を交付させ、祈祷を行って紙幣を燻製し、運勢を良くするという念金浄化なる行をしていた。Yは、交付された現金の一部を返すこともあるが、多くを謝礼や寄付として巻き上げてしまうことを繰り返していた。Xさんは、現金1億2000万円を念金浄化してもらうため、Yに交付したが、いつまでも返してもらえない。そこで、詐欺だと気づき、Yに対して損害賠償請求訴訟を提起した。

女優BはYに相談事をしたことから、知り合いとなり、広告塔に使われていた。Xさんは、運勢鑑定家Yだけでなく、Bにも責任があるとして、共同被告にした。

女優Bは「自分はYに利用されただけだ」と反論した。そこで、Bの本人尋問では、これを説得的に述べることができるかどうかがポイントになる。

Bの尋問の受け答えを聞くと、本当にうまい。Bは、感情は抑制気味にし、静かに丁寧に質問に答えていった。そして、いかに自分が利用されていったか、Yが、自分の苦境につけ込み、甘言をもって近づいてきたこと、自分が精神的に参っていた時期だったので、迂闊（うかつ）にも付き合いを深めてしまったこと、結果的にYを信用させる形で利用されたこと、今回の訴訟で、Yが卑劣で嫌な人物であるのを思い知ったことなど、臨場感を持って語るのである。

　最後は、「世間をお騒がせしたばかりか、Xさんのように被害にあった方が出てしまったことは、本当に申し訳なく思います。不徳の致すところで、道義的な責任はあると反省していますが、ただ法的な責任については、よろしくご判断ください」と述べ、裁判長であるA裁判官の目を正面から見据えて「どうか適切な判断をお願いします」という感じが伝わる表情をして、尋問を終えた。

　弁護士の訊（き）き方や尋問の構成も適切であったが、Bの尋問に対する答えぶりは、実に模範的なものであった。尋問を聴き終わった裁判官一同、まさにBの語り口と語る内容に得心がいったのである。

　このケースは、他の関係証拠もあって、Yに対する請求は認容されたが、女優Bに対する請求は棄却された（東京地判平成12年9月27日判タ1050号145頁）。A裁判官は、この判断は間違いないと自信を持っているが、これを経験してから、完璧な演技のできる証人や本人は、実際にいるのではないか、自信に満ちた供述をすることは訓練によってできるのではないか、と考え続けているという。

❖ シンポジウムで実践

　その後、A裁判官は司法制度改革に関するシンポジウムのパネリストとして登壇を依頼された。シンポジウムの司会は著名な評論家

T氏である。T氏は、マスコミによく登場し、舌鋒鋭く相手を追及することで定評がある。

　A裁判官は、シンポジウムで発言する内容を準備するとともに、T氏に追及された場合の対応を考えた。T氏の著作を何冊か読み、その論旨の組み立ての傾向を把握することを試みたが、結構柔軟であり、決して原理主義的ではなかった。テレビでみる限り、T氏は、論者の弱いところをうまく突く。A裁判官は、その秘訣に迫るべく、T氏の出演するテレビ番組を注意深く視聴した。その結果、T氏は、相手の声のトーンが落ちたり、言いよどんだり、相手が怯むとそこを突くということを発見した。

　A裁判官は、それなら自信を持って、怯まないように話をすればよいだろうと考えた。シンポジウムまでの間、怯むことなく自信ありげな話し方をすることを心がけ、「普通の声のトーンで落ち着いたゆっくりした口調で話すと、考え深く聞こえること、少し高めの声のトーンで早口で話すと、頭の回転が速く聞こえること」にも気づいた。A裁判官は、シンポジウム当日は、これを使い分けようと作戦を立てた。

　シンポジウム当日は、どうであったか。T氏は体調不良とのことで、司会をキャンセルした。A裁判官は、拍子抜けしたが、スキルアップした話しぶりを披露して、誰からも予想外の突っ込んだ質問をされることなく、所期の役目を果たすことができた。

　それはよかったのだが、A裁判官は、法廷で自信に満ちたごとく答える証人や本人をみると、それまで以上に、眉に唾をつけてしまう癖がついたという。

6 当事者の嘘(うそ)の見分け方

　民事訴訟・人事訴訟は、民事や家族関係のもめごとを対象にするが、もめている以上、当事者の双方に言い分がある。そして、裁くのは事情を知らない第三者である裁判官であるから、言い分を裏づける証拠を出し合い、どちらの言い分が事実として認められるか、決着をつける必要がある。

　当事者本人も、法廷で尋問を受け、自分の言い分を述べれば、それは証拠になる。そうすると、訴訟に勝つために、事柄を針小棒大に述べたり、脚色して述べるばかりでなく、真実を語らない当事者も現れる。また、当事者に利害関係を持つ証人も同じである。それは、困ったことではあるが、人情としては理解できないこともないから、裁判官は、そういうことも織り込んで、虚心に尋問を聴いていく。

　当事者や証人自身が直接体験したことであるのに、言い分が真っ向から食い違っていることがある。

　例えば、ある日時に会っていることは争いがないが、そこで金銭が授受されたかどうかについて、言い分が違ったとする。これは、どちらか一方が嘘をついているのである。

　故意に嘘をついているのであれば、むしろ話は単純であるが、金銭の授受が何回かあったが、それが特定のいつの日であったのか記憶違いをしている場合がある。また、人間は都合の悪いことは忘れるものであるし、思い込むこともある。こうした場合、裁判官は、当事者本人尋問や証人尋問だけで心証を取るのではなく、別の関連

証拠と対照して事実認定していくことになる。つまり、証拠を読み解いていくことが必要になるのだ。

❖ ……… エピソード① ケガの原因は夫の暴力か階段の踏み外しか

　ある夫婦の離婚訴訟で、夫から本訴請求、妻から反訴請求をしているケースがあった。このような場合、夫婦関係は修復できないまでに破綻(はたん)していて離婚それ自体はやむを得ないことが多い。婚姻破綻の原因がどちらにあるかが争いとなり、妻が「それは夫の責任である」と主張した。それというのも、夫からたびたび暴力行為を受け、受傷したこともあるというのだ。

　例えば「○月○日に夫の実家に立ち寄った帰りに、自動車に乗ろうとした際、実家での態度に立腹した夫から顔面を殴打され、ケガをしたため医者にかかった」と主張した。妻は、本人尋問でも、そのように供述し、受診した医師の証明書も書証として提出した。

　夫は「○月○日に妻がケガをしたことはあったが、それは自分(夫)の実家で階段を踏み外して、腰を打ったものだ」と反論した。夫は、本人尋問でも、妻の言い分を否定する供述をしたし、夫の両親が作成した「嫁が階段を踏み外したのを目撃したので間違いない」という陳述書も証拠として提出した。

　これに対して妻は「夫もその両親も夫に有利になるような嘘をつく動機があるから、信用性が乏しい」と指摘した。それは、一般論としては、誤りとは言えない。また、暴力を受けケガをした事実がないのに、あえてそれがあったと主張・供述することは、裁判所を騙(だま)そうとするもので、普通はそこまではしない。したがって、言い分を並列的に見比べる限りでは、妻の言い分に分がありそうであ

る。

　この争点は、医師の証明書を読み解くことによって決着した。

　この医師というのが、接骨医であったのだ。顔面を殴打されケガをした人は、外科医に行くことを考えるが、通常は接骨医には行こうとしない。しかし、階段を踏み外して腰を打った人が、接骨医を受診し治療を受けることは不思議ではない。そうすると、この争点については、妻の言い分は信用することはできず、夫の言い分の方を信用することが相当である。妻が主張した「〇月〇日の夫の暴力行為」は、妻の本人尋問が信用できないため、事実として認めることができないのである。

　このケースで、妻は、別の日時の夫の暴力行為も主張し、供述もしていたが、やはり信用性を欠くという評価になった。もちろん、ケース・バイ・ケースで、例えば、夫から妻に対する3回の暴力行為があったという主張に対し、そのうち1回は事実として認められる場合もあるが、全部認められないことも少なくない。一つ嘘をつく当事者は、ほかでも嘘をつく蓋然性が高いとみられるからだ。

❖ ……… エピソード② **株式売却後の会計処理は
ただのミスか**

　X社が取引先のY社から資金ショートを補うために緊急の融資を受けていた。当初は、両社の経営者が親戚関係にあったため、文字どおり融通が利いたが、Y社の資本構成に変化があり、担保を徴することになった。

　X社はY社に対し、A社の株式を担保のため差し入れた。その後、X社は債務を弁済することができなかったため、株式は売却された。X社は、Y社が勝手に売却したと主張して、損害賠償請求訴

訟を提起した。

このケースの争点は、株式の差入れが質権設定契約か譲渡担保契約かというものだ。質権設定契約であれば、株式売却は流質契約の禁止に抵触し得るが、譲渡担保契約であれば問題はない。

Y社は、担保権実行後、株式売却代金につき、被担保債権に充当して債務償却をするという処理をせず、会計上、営業外収入として計上していた。X社は、この点を捉えて、株式売却は譲渡担保権の実行としてされたものとはいえず、ひいては譲渡担保契約の成立に疑いがあると主張した。

Y社の取締役は、証人尋問において、この会計処理について「誤記ないしミスである」と弁明した。もちろん、その可能性はないとは言えないが、株式差入れ時の経緯からして、Y社としては、売却後の代金会計処理も、慎重に扱ったはずである。そうすると、誤記・ミスという弁明は通らないし、通すべきでもない。

裁判官は、Y社が営業外収入として計上していた理由は、被担保債権額が大きく、まだ大きな負債が残っているため、会計上損金計上分を減らさないようにする意図か、当該年度で損失が出ないよう操作する意図ではなかったかと読み解いた。仮に、そうであるならば、Y社の訴訟における対応は不誠実であるし、訴訟上の真実義務にも反すると評価される。

しかし、このケースでは、この嘘があったとしても、関係証拠からの譲渡担保契約という認定を左右するものとは言えないと判断された。Y社としては、誤記・ミスなどと強弁をすることなく、真実を述べて正々堂々と勝つべきであったのだ。

娘夫婦への生前贈与

　親が子どもの住宅購入を援助することは珍しいことではない。子どもが一人の場合には、問題ないが、兄弟姉妹がいる場合には、生前贈与は特別受益とされ、遺産分割に際して、持ち戻すことになる。現に残された遺産に生前に贈与されたものを入れ直して、それを母数にして法定相続分を算定するのである。

　家族関係によっては、親が特定の子どもをかわいがることがある。もちろん、親の老後の面倒を誰がみるかに関係があることが多い。相性や好き嫌いの問題もないとは言えない。さらに、親夫婦と息子のお嫁さんとの折り合いが思わしくなく、娘のお婿さんは素直で気が利くという事情があると、それが増幅する。そうなると、親は娘夫婦に、せっせと援助し、これを息子夫婦には内緒にしておこうとする。これは、遺産分割協議でもめにもめるタネになる。

　Aさんは、そうした父親で、娘夫婦が住宅を購入するのに際して金銭援助をした。娘夫婦は、まずマンションを購入し、その後に、戸建住宅に買い替えている。

　Aさん夫婦は平成20年に時を置かず双方が亡くなり、長男であるBと長女Cとの間で遺産分割の争いが発生した。仲がよければ、話し合いで円満に遺産分割の協議が調うのが普通だ。

　しかし、兄Bは、遺産分割の審判を申し立て、その中で、妹Cに生前贈与がされたこと、具体的には、C夫婦のマンションの購入、戸建住宅への買い替えのすべてについて、父のAが相当額の援助をしたと主張した。Cは、最初のマンション購入の援助は一部認めた

が、それ以外は、邪推であると頑強に否定した。

裁判所は、これをどのように認定・判断していったか。それは、残っている証拠を読み解いて、経験則を駆使して事柄を洞察し、時間を追って、この家族にどのような出来事があったかを推認していくよりほかはない。

❖ マンション・住宅の購入金はどこまで両親からの援助なのか

　C夫婦は、昭和59年にマンションを代金1750万円で購入した。購入資金について、Cは当初、Aから1000万円の贈与を受け、信金から1000万円を借りて、代金を支払ったと主張していた。これに対してBは、信金との金銭消費貸借契約では、貸金の弁済期限は1年後とされ、利息が年7.5パーセントと定められているから、C夫婦は借入日から1年後に1075万円を一括弁済することとなるが、当時のC夫婦にそのような弁済資力はなかったと反論した。

　そうしたところ、Cは、前の主張は勘違いで、正しくは、AがC夫婦の名義で信金から借り入れた1000万円をAからもらい、残金はC夫婦の預貯金から支払ったと主張を訂正した。

　裁判所は、この主張の変更を、どのようにみたか。

　Cの主張変更は、当時のC夫婦には信金に対し1000万円および利息を支払う資力がないことをBから指摘された後である。この点について、うまく弁解できなかったからではないか。Cの新主張のとおり、信金からの借入れをAが行い、C夫婦はその弁済に一切かかわっていないのであれば、当初の信金からの借入金を購入原資に充てた旨の主張をするのは不自然である。またCは、残金は預貯金をもって充てたと言うが、その証拠はない。さらに、マンションの取

得に際しては、売買代金のほかに、仲介手数料、登録免許税等の諸費用150万円程度が必要となり、家具や引越費用を除いても1900万円程度が必要となる。

そうすると、Cは、マンションの取得原資として、Aから1000万円の贈与を受けたほかに、AがC夫婦名義で調達した信金からの借入金1000万円の贈与を受けたとみるのが合理的である。Cは、マンションの取得時点において、Aから2000万円の贈与を受けたものと推認される。

次に、C夫婦は、昭和61年4月に戸建住宅を3400万円で購入した。Cはその取得原資は、マンション売却代金1880万円、預金220万円、銀行からのローン1300万円であると主張した。銀行ローンは昭和63年にCの夫の父から借入れて返済したと言う。

裁判所は、これをどうみたか。

戸建住宅の代金は、手付金300万円を契約締結時、内金1100万円をその月末に、残代金2000万円を翌月末に支払う約定であった。C夫婦は当初、うち1700万円を、銀行から融資を受ける予定であった。この戸建住宅の買い替えをする場合には、短期譲渡所得税、売却手数料、登録免許税、不動産取得税、ローン手数料等で約290万円程度の支出が必要になる。

そこで、C夫婦がマンションの売却代金のうち、住宅の取得のため支出できる金額は1590万円程度であり、手付金と内金の額に見合う。そして、C夫婦は銀行から1300万円を借り入れ、これを残代金2000万円の一部にすると、700万円が不足する。

ところが、Aの銀行口座の取引経過には、昭和61年2月に405万円の出金（貸出）と、同日付けで300万円の出金（満期解約）がある。Cは預金をもって不足分を出したと言うが、預金通帳などの裏

付資料はない。そうすると、残代金不足分の700万円は、Aの銀行口座からの出金分が充てられたとみるのが合理的である。

❖ ……… Cの贈与額計4000万円認定　遺産争いが縁の切れ目

　C夫婦は銀行ローンを昭和63年10月に完済した。Cは、夫の父から借り入れてローンを支払ったと主張し、その証拠として金銭消費貸借契約公正証書を提出した。しかし、当時、夫の父にそれだけの資金があったのか不明であるし、そもそも、それができるのなら、最初から夫の父に借りればよかったはずだ。

　また、一般に、実の父親から借金する場合には、私製の契約書や借用書を作成するのが普通だ。わざわざ公正証書を作成するのは、税務署など第三者に対する証明力を意識して行われることが多い。そう考えると、夫の父からの借入れ話には疑問符が付く。改めて、Aの銀行口座の取引経過をみると、昭和61年7月に2014万円の出金がある。そうすると、銀行ローン分1300万円の返済もAが負担したとみるのが相当である。

　Cは、1000万円の生前贈与しかないと言い張ったが、裁判所は、以上のように判断して、4000万円の生前贈与を認定し、これを持ち戻して遺産分割の審判をした。Cは抗告せず、審判は確定した。

　Bは、自分の言い分が通ったことに安堵したものの、気持ちは晴れない。妹夫婦との親戚付き合いは絶えてしまったのだ。

8　一審判決と異なる控訴審での和解

　民事訴訟が地方裁判所に提起された場合でも、審理の途中で和解により終わることもあるし、取り下げられることもある。結局、判決に至るのは、係属する事件の半分ほどである。判決された事件の2割程度が、不服があるとして控訴される。控訴事件も3分の1から半分ほどは和解で終わり、一審判決が変更される控訴審判決は2割強である。年度による増減はあるが、これが、民事訴訟事件のほぼ平均的な姿だ。

　控訴審で和解をする場合でも、ほぼ一審判決のとおりの内容で和解するものばかりでなく、大きく内容を変えるケースもある。どのような経過でそうなるのかは、部外者にはわかりにくいところであろう。一つの具体例で、これを見てみることにしよう。

❖ ……… 最高裁判例に則った一審判決

　A社は、リゾートホテルの経営等を目的とするB社から、リゾートホテル建物の共有持分権を買い受け、これと同時にリゾートホテルの利用を目的とするクラブに入会する契約も結んだ。このクラブ契約には、会員に対し、リゾートホテルを利用できる利用券を年間20枚発行し、未使用の利用券については1枚につき1万円で買い上げる約定があった。B社は、ホテル建物の共有持分権の販売にあたり、「未使用利用券の買上げシステムが安全な財テクになります」と宣伝していた。未使用利用券は、しばらくは1万円で買い上げられていたが、その後、クラブの経営状況の悪化に伴い、買上金額は

1枚1500円とされ、さらに470円にまで減額された。

　そこで、A社は、クラブ契約の債務不履行を理由に、その契約とホテル建物共有持分権の売買契約を解除した。そして、B社に対し、ホテルの持分一部移転登記の抹消登記手続を求めるとともに、共有持分権の売買代金、クラブの入会登録料、平成5年から平成15年までの年会費の返還請求訴訟を提起した。

　一審判決（東京地判平成21年6月24日判時2060号96頁）は、A社の請求を一部認容した（売買代金の返還請求は認容、クラブの入会登録料、入会から解除までの年会費の返還請求は棄却）。その理由は、「不動産の共有持分権の得喪とクラブ会員たる地位の得喪は、不可分のものとして密接に関連づけられているから、売買契約とクラブ利用契約が別々に締結手続や入会手続が取られているとしても、クラブ契約に債務不履行があり、その履行がなければ売買契約の目的が達成されない特段の事情がある場合には、クラブ契約のみならず売買契約をも解除することができる」というものであった。

　地裁がこのような判決をしたのは、スポーツクラブ会員権付マンションの売買契約と会員権契約という複数の契約の債務不履行と解除に関する最高裁判例（最判平成8年11月12日民集50巻10号2673頁）があったからだ。

　その最高裁判例とは、次のようなケースであった。

　Y社は、リゾートマンションを建設し、その一区画をXに売却した。リゾートマンションには、スポーツクラブが併設予定で、マンション売買契約書の表題は「スポーツクラブ会員権付」とされていた。また、特約事項として、買主はマンション購入と同時にスポーツクラブの会員となる旨が定められていた。さらに、クラブ会則には、マンション区分所有権を譲渡した場合には会員たる資格を失う

旨の定めがあった。Y社は、新聞広告等に「マンションを購入すれば、テニスコート・屋外プール・サウナ・レストランを完備したスポーツクラブ施設を利用できます」と宣伝し、1年後には屋内温水プールが完成予定と明記していた。ところが、2年近く経過しても、屋内温水プールの建設はされなかった。そこで、Xは、リゾートマンションの売買契約を解除して、Y社に対して支払済売買代金の返還を求めた。

最高裁は、「売買契約の目的不動産は、屋内プールを含むスポーツ施設を利用することを主要な目的としたいわゆるリゾートマンションであり、買主は、本件不動産をそのような目的を持つ物件として購入したものであることがうかがわれ、売主による屋内プールの完成の遅延という会員権契約の要素たる債務の履行遅滞により、本件売買契約を締結した目的を達成することができなくなったものと言うべきであるから、本件売買契約においてその目的が表示されていたかどうかにかかわらず、履行遅滞を理由として本件売買契約を解除することができる」と判示した。

一つの契約の債務不履行を理由に他の契約を解除することは、原則的にはできない。しかし、「複数の契約相互間の密接な関連性」と「全体としての契約目的が達成されないこと」という要件を満たせば、一つの契約の債務不履行を理由に他の契約を解除することができるのだ。

❖ 一審判決の再検討と和解

それでは、リゾートホテル共有持分権の売買契約とクラブ契約との間には、互いに「密接な関連性」があるといえるか。これは、そういえそうであるが、さらに検討を要する。

次に、クラブ契約に債務不履行があったといえるか。

未使用利用券の買上げは、クラブ契約の特約であるから、未使用利用券をいくらで購入してもらえるかは、その特約で、どのように定められていたかにより決まる。1枚1万円での買上げが保証される約定であれば、減額したことそれ自体が債務不履行となるが、本件では、「事情により減額することがあります」という留保条項があった。そうすると、信義則に反するような特段の事情のない限り、債務不履行と評価することは難しい。

また、未使用利用券の買上額の減額があった場合に、「全体としての契約目的が達成されないこと」になるか。クラブ契約の目的は、リゾートホテルの利用ができることにある。したがって、利用券が使用不可になれば債務不履行と言えるが、自分で使用することはできるのだから、買上額の減額により、契約目的が達成されなくなるとは言い難い。クラブ契約の目的が、利用そのものではなく、未使用利用券の買上げによる利潤獲得であると強弁することには無理がある。

そのように整理していくと、一審判決を維持することは難しい。そこで、控訴審の裁判官は、当事者双方に、その旨を説明した。そして、調整の末、A社とB社との間の複数の契約を合意解除して、ホテル建物の共有持分権の現在の価値を清算するという和解が成立して、事件は終了した。

9　子役出身の裁判官

　年下の友人である判事のMさんとは、大阪地裁で同じ時期に勤務したことがある。私にとって大阪は4庁目の勤務地で、判事補から判事になる直前であり、彼は、初任の判事補であった。勤める部は異なり、一緒に仕事をしたわけではないが、ともに判事補会の行事の世話役をしていた関係で、付き合いがあった。その後十数年経ち、東京地裁では向かい合った部に勤務していたので、よく雑談したが、双方の転勤で離れ離れになった。

　しばらくぶりに東京勤務になって、またMさんと再会したが、以下は、その折の会話である。

私　大阪時代が懐かしいね。

M　大阪高裁の部総括のK判事に「地裁裁判官に望むこと」という講演をしてもらったことがありましたよね。

私　判事補会のインフォーマルな勉強会に、忙しいK判事に時間を割いて講演していただいたんだよね。講演が終わってから、世話役のわれわれとの飲み会にも付き合ってもらい、最高裁調査官時代の思い出話などしてもらって、結構盛り上がった記憶があるよ。

M　講演後の質問というか意見交換の場面で、K判事の言うことは「高裁至上主義」ではないかと噛み付いた人がいましたよね。

私　高裁判事からのメッセージだから、高裁が審理しやすいように地裁も手続運営や訴訟指揮を心がけてほしいというテーマになる。だから、高裁の立場からの話になりがちなことはやむを得な

> いよね。しかし、判事補としては御説ごもっともでは物足りないから、あえて高裁部総括に反論するのは悪いことではないけれど、それにしても「高裁至上主義」と言うとは、なかなか元気な奴がいたもんだね。そんなことを言ったのは誰だったのかな。
> M　加藤さん、あなたですよ。
> 私　……
> M　そんなふうに「高裁至上主義」などと高裁判事を批判していた加藤さんが、高裁部総括になったと聞いて、思い出したんですよ。

　なるほど、Mさんの言うとおり、そんなこともあったかもしれないとは思うが、それほど明確な記憶はない。

　もっとも、このエピソードを部外者が聞くと、いささか奇異な、場合によっては不快な感じを持つかもしれない。わざわざ時間を割いて、講演をしてくれた先輩裁判官に対して、後輩たる者が「高裁至上主義」などと批判することは、長幼の序を心得ない失敬千万な仕儀ではなかろうかと。

　しかし、裁判官の先輩・後輩の間柄は、他の組織にみられるような上司と部下という関係ではなく、互いによき裁判の実現という長く遠い道を志す者同士であるというメンタリティを持っている。したがって、後輩裁判官が論理で反論することが許される雰囲気、むしろ称揚される雰囲気がある。

　また、そうした後輩からの挑発に対して、先輩は、怒ったりせずに、余裕を持って再反論する。裁判所内部の自由闊達さは、こうした先輩の懐の深さや先輩・後輩の同志的連帯感に支えられているのである。

❖ ……… 子役タレント出身の裁判官

それはともかくとして、この会話の相手になってくれたMさんは、実にユニークなバックグラウンドを持っている。

Mさんは、子どもの頃「劇団いろは」に所属し、タレント活動をしていた。各種のオーディションを受け、テレビや舞台に子役で出演したり、学習雑誌の表紙のモデルなどをして活躍した。

50年近く前の話であるが、当時の『中１時代』といった学習雑誌には、その年頃の男女の子どもを表紙に使っていて、Mさんは、その常連モデルだった。また、テレビドラマ『チャコちゃん』シリーズでは、チャコちゃんの友達役という結構大切な役回りを演じたし、別の連続ドラマでは、ジュディ・オングと共演したこともある。商業演劇では、芸術座で主役の森繁久彌と同じ舞台を踏んだこともあった。

Mさんは、自分の演技力について、子どもながらよく研究し、自分のよいところを伸ばし、足らないところを補うことに腐心した。また、同じようにオーディションを受けて登用される他の子役の演技力を注意深く観察していた。しかし、オーディションを受ければ、Mさんは必ず選に入るが、主役が回ってくることは少なかった。

そうしたことを繰り返しているうちに、Mさんは「主役に抜擢される子役よりも、脇役に回される自分の方が、セリフの言い回しでも、感情表現でもはるかにうまいのでは？」と感じることが多くなった。それでもMさんは、独りよがりかもしれないと反省し、慎重に検討を重ねた。そして、あるとき、主役を張る子役と自分との違いにハッキリ気づき、愕然とした。

「自分には、華がないのだ」。

❖ …… 名脇役から名裁判官へ

　オーディションにはやはり連戦連勝するし、役のオファーも増えてきていたが、Mさんはその後、芸能界での活動を控えるようにして、学業に力を入れ始めた。高校2年生で劇団を退団し、大学入学を契機に芸能活動を止め、勉学中心の生活にシフトし、若くして司法試験に合格した。

　裁判官になってからのMさんは、その主宰する法廷が大変生き生きしているという評判をとっている。訴訟関係者に対する物言いも明瞭でわかりやすいし、挙措(きょそ)にもメリハリがある。

　例えば、弁護士が証人に図面を示して尋問することがあるが、そうした際に、Mさんは法壇からサッと降りて、証人が指し示す図面を一緒に見ながら尋問を聴いたりする。また、証人や当事者本人に対して裁判官から補充尋問をする場合、実に痛いところを突いたり、聴く者が思わず膝(ひざ)を打つ質問をする。だから、書記官に「法廷に一緒に入るのが楽しみだ」と言われるほどなのだ。

　おそらく、Mさんの法廷には、意図せずして演劇的な要素が醸し出されているのだろう。

　われわれは、名脇役の役者を失ったが、名裁判官を得たのである。それにしても、年少にして、自分に華がないと認識できる自省心は、それだけでもタダ者ではない。

10 ユーモアを一匙(さじ)

　法廷は厳粛であり、時にいかめしい。民事訴訟の当事者が真剣に権利義務を争い、刑事被告人が罪を犯したか誤りなく審理する神聖な場だからである。

　法廷ではなく民事訴訟の争点整理を行う弁論準備手続室でも、当事者が相手方の非を言い募り、険悪な空気になることがある。そんな重苦しい雰囲気を和ませるため、裁判官はユーモアを一匙盛りたい。しかし、「当事者は真剣であるのに、冗談を言うのはどういうつもりか」とか「厳粛であるべき法廷で不謹慎だ」と非難されるおそれがある。これはリスクにほかならない。そこで、裁判官は、そうした危ない橋は渡らない方がよいということになりがちである。

　ただ、いつもそうなのではない。

❖ ……… エピソード① 　笑いの「壺に嵌(は)まった」父親

　フランチャイズ契約のフランチャイジー（加盟店・加盟者）がフランチャイザー（本部）に対して、損害賠償請求をした案件の弁論準備期日の出来事である。

　原告側は、原告とそのスポンサーである父親に加えて弁護士が顔をそろえ、被告側は、フランチャイズ・チェーン本部の会社代表者と弁護士という陣容である。

　原告側は、マッサージ業のフランチャイズ・チェーン店を出すにあたり、フランチャイザーは開店に至るまでの段取り、宣伝、従業員のトレーニングなど万全の態勢を組むという話であったのが、思

うような指導もない。そのため開店したものの、すぐに行き詰まってしまったと訴えた。

　原告の父親は医者で、息子は長らく医学部の受験を続けていたが、首尾よくいかず、マッサージ店経営者に転身させようという思いで、この契約を結んだのだ。父親は、静かにその思いの丈を述べ始めたが、話しているうちに、怒りが込み上げてきたのか、次第に激昂(げっこう)し、口を極めて被告の非道を言い募り、その場は、騒然となった。

　原告側の話を聴き、証拠関係とも照らし合わせると、フランチャイズ・チェーン本部会社は、耳障りのよい説明をしながら、宣伝や従業員のトレーニングは後手に回り、はなはだお粗末な対応といえそうであった。また、手もみをセールス・ポイントにしながら、従業員トレーニングの内容は「心を込めてもむことが大切」という精神論が中心の、おざなりの技術講習で、講習日もわずか１日という杜撰(ずさん)さであった。被告会社代表者は、種々弁解するが、説得力のないことを自覚している様が見て取れる。

　裁判官は、区切りのついたところで「あまり知名度も高くないフランチャイズ・チェーンなのに、どこに魅力を感じたのですか」と父親に尋ねた。

　「それは実に巧いこと説明するものですから、ついその気になったのです」という返事。

　裁判官は、「営業種目がマッサージだけに、勧誘のツボを心得ていたのでしょう。そして、あなたがその気になったのは、まさしく相手方の『思う壺』だったということですか」と返した。

　父親は、それを聞いて笑い出し、弁護士もそれにつられ、ついには会社代表者も笑い出した。雰囲気は一気に和らぎ、スムーズに支

払金の清算に関する実務的な和解の話に移行していった。

　以上は、法廷ではなく、裁判官と当事者が膝(ひざ)を付き合わせて対話ができる弁論準備室という場所であるから、一匙のユーモアが効いたということかもしれない。

　それでは、法廷ではどうか。

❖ ……… エピソード② 　**空手家の空手形**

　Aさんは自分の貸し倉庫が空いたので、次の借り手が決まるまでのつなぎで、空手家のBさんに相場よりもかなり低額で貸すことにした。その際、次の借り手が決まれば、速やかに倉庫を明け渡す合意がされていた。

　Bさんは武道家として相当の実力があり、弟子も多く、その道場には近隣の子どもたちも通って、評判は上々であった。

　しかし、Aさんに、ようやく正規の倉庫の借り手がみつかった。そこで、AさんはBさんに対して、「当初の約束どおり倉庫を明け渡してほしい」と懇請した。Bさんは、Aさんの求めに応じ、明け渡す約束はするのだが、引越先がみつからず、何度も約束をすっぽかした。Aさんは業を煮やして、Bさんを相手に倉庫の明渡請求訴訟を起こした。

　この訴訟の第1回口頭弁論期日には、弟子の空手家や近隣の人が傍聴に押しかけ、法廷は緊迫した雰囲気に包まれた。双方から事情を聴いた裁判官は、つぶやいた。

　「Bさんは、何度も出て行く約束をしては、反故にしているわけですね。世間では、これを空手形と言います。

　空手家の空手形ですね」。

法廷は一瞬静まり返った。いかつい弟子たちの肩が震えている。怒っているのか。そのとき、原告訴訟代理人の弁護士がクスクスと笑い始めた。それを機に、傍聴人も笑い出し、やがて大爆笑になっていった。弟子たちの肩が震えていたのは、笑いをこらえていたのだ。

　そして、事件は、次回期日に双方とも歩み寄る形で訴訟上の和解ができて解決した。

　このエピソードは、単独事件の法廷であったから、満席の傍聴人といっても数は知れている。大きな法廷で、多数当事者訴訟の審理において、ユーモアを一匙盛ることができるのか。

❖ ……… エピソード③　**4年目の準備書面**

　海外のホテル建物の区分所有権を顧客に購入させ、それを賃借して賃料を支払うという形態の、海外不動産投資に係る金融商品の購入の勧誘によって事業を拡大してきた会社が、バブルの崩壊で倒産した。その金融商品を購入した顧客らは経済的損失を被り、その多くが、この会社に融資した複数の金融機関やタイアップした商社まで含めて被告として損害賠償請求訴訟を起こした。原告は合計1000名を超す数となり、被告も数社で、がっぷり四つに組む攻防が展開され、その法廷は常に当事者で傍聴席が埋まった。原告は、いずれ破綻(はたん)するビジネスモデルであり、倒産会社は故意によって顧客に損害を発生させたという構成をしていた。

　ところが、原告側が提訴後4年目に、過失も予備的に主張する旨の準備書面を提出した。これに対して被告側は、時機に後れた攻撃防御方法であるとして強く反発した。法廷は、不穏な空気に満ち

た。

　そのとき裁判官は、「原告代理人は、訴訟の準備に余念のない日々を送っていたのに、提訴後4年になったというのですね」といなした。法廷中に笑い声が溢れ、審理は再び軌道に戻った。この案件も曲折はあったものの、和解で終了した。

　一匙のユーモアは、当事者を和解に誘う小径を拓くのである。

11 思い出に残る「名の変更申立事件」

　裁判官には誰しも思い出に残る事件がある。名古屋家裁で判事補の頃に担当した「名の変更申立事件」は、今でもときどき思い出すことのある事件である。

　名前は親が付けてくれるが、それはもともと、赤ん坊は自分で名前を付けることができないからである。法律論としては、誰が命名権を持つかというのは一個の問題であって、親にではなく、本人に命名権があるという考え方があってもよい。親が子に名前を付けるのは、親の固有の命名権に基づくものなのか、子どもの命名権を親が代行するものなのかという議論はあり得るのである。

　それはさておき、戸籍法上、「正当な事由」があれば名の変更を申し立て、家庭裁判所の許可が得られると、名前を変えることができる（戸籍法107条の2）。

　例えば、珍妙な名前であるとか、同姓同名の人が近くに住んでいて郵便がいつも間違えられて困るという場合には正当な事由があると評価される。また、由緒ある商家の主人が襲名し、戸籍上も名の変更を求め、それが許可されることもある。

❖ 名前を変えれば、開眼できる この機会を逃せば二度とない

　その「名の変更申立事件」の申立人は、目が不自由であった。歳の頃は40歳少し前の独身女性である。もともと若い頃から視力が弱かったけれども、みえてはいた。それが、成人になってからだんだ

んと霞むようになって、ある日突然みえなくなったという。親も大層心配し、経済的には比較的恵まれた家であったこともあり、東に名医があると聞けば行って診てもらい、西に霊験あらたかな神社仏閣があると聞けばお参りをしてきた。しかし、全然その甲斐(かい)がない。実は、医者に診てもらうと、口をそろえて、「器質的には異常はありません。見えるはずです。医学的には治療の方法がありません」と言われる。本人は、治療の術もなく、嘆き悲しむ日々を送ってきた。

　40歳が近づいてきたこともあり、一念発起し、評判のよい八卦見(占い師・易者)にみてもらうと「名前が悪い」と言われた。そして「何カ月か先のある日を期して名前を変え、一定の方角に引っ越しをして、精進潔斎するとあなたの目は見えるようになります」と告げられたという。しかも、「開眼は、このチャンスを逃すともう二度とありません」というご託宣もされた。

　これが申立人が改名を申し立てる理由であった。

　これは一言で言うと、「迷信に基づく改名の申立て」であって、普通は正当な事由とは考えられていない。したがって、裁判所としては、この申立てを却下するのは容易なことである。迷信が動機となっていても、永年使用したという実績があれば、その名前が通称として社会的に定着したということを理由にして改名を認めるケースがある。しかし、この申立人に対して「これから使って実績を作ってみては」と示唆したとしても、「それでは間に合いません」と言うに違いない。申立書を検討した限りでは、許可するのは難しいなという印象であった。

　そして、いよいよ審判当日、申立人が裁判所にやってきて、申立書のとおり、名の変更を求める事情を述べていった。

ところで、名の変更に「正当な事由」が必要であり、家庭裁判所の許可を要するのはなぜか。それは名前を自分勝手にクルクル変えてはいけないというルールがあるからである。このルールは、名前は個人を識別する重要な要素であり、取引社会を前提にすると、そこに登場する個人が名前を変更することにより、主体の同一性を曖昧にし、混乱させることは困るという社会的な要請に基づくものである。

　そこで、この申立人の資産を聞いてみると、昔は裕福であったが、今や資産と言えるほどのものは格別にない。また、商売を営んでいるわけでもない。そうすると、現在も、これからも、取引社会に関与したり、登場することは想定されない。少なくとも、名の変更によって財産帰属秩序を混乱させることにはならないであろう。そして、何よりも、申立人はこの申立ての帰趨(きすう)に開眼の最後の可能性を賭けて、必死に真摯(しんし)に裁判所に訴えているのである。

❖ 裁判所が恣(し)意的ではいけないが、これは「人助けだ」

　私としては大いに迷った。もともと家事審判というのは裁量的な判断があってよいと言われている。しかし、気の毒であるからといって、裁判所の判断が恣意的であってはいけない。

　このケースでは、改名を許可したとして格別の社会的なマイナスはなさそうである。逆に、改名を許可しない場合の申立人の落胆は察するに余りある。もちろん改名したことで開眼することはないだろうが、改名を許可することで、申立人は少なくとも精神的な安らぎを得ることにはなろう。

　「人助けだ」。そう考えて、この申立てを許可することにした。そ

して、申立人に対して、「本来なら許可するのは難しい申立てなのですよ。ただ、名前を変えれば目が見えるようになるというあなたの真剣な思いはよくわかりました。その思いに応えて、あなたの目が見えるようになる可能性に賭けて名の変更を許可することにします。もし、目が見えるようになったら裁判所にも教えてください」と告げた。申立人は、欣喜雀躍(きんきじゃくやく)して帰っていった。

❖ 人間は理屈や理論だけでは説明できない不思議なもの

　裁判所は、多くの事件を抱えているから個々の事件のことはだんだん忘れていく。このケースについても同様であった。ところが、3、4カ月後のある日、書記官がやや興奮した面もちで裁判官室にやって来た。「先日の名の変更の申立人から電話がありました」という。それは、「目が見え始めました。裁判所に大変感謝をしています。裁判官にもよろしく伝えてください」という電話だったのである。

　この話を医師の友人にすると、「この申立人は、おそらく一種のヒステリーが嵩(こう)じて目がみえない状態になっていたのだ。改名の暗示によってその症状が解けたので見えるようになったのではないか」といった解説をしてくれる。なるほどそんなものかと思ってもみるけれども、不思議だという思いを拭いきれない。

　人間は、必ずしも理屈だけでは割りきることのできない、理論だけでは説明しきれない不思議なものだ。そして、そういう人間を、われわれ法律実務家は相手にしているのだ。このケースは、その当然の事柄を身に沁(し)みて感じさせられた、思い出に残るものである。

ユニット 2

「法律家」のリーガル・エクササイズ

12 法律家に必要な資質

　法律家にはどのような基本的な資質が要求されるのかという質問をよくされる。

　どういう資質を持った人が法律家に向いているのかは、法律家志望の学生だけでなく、一般の人の関心事項でもあるのだろう。

　私は、「陽気、勤勉、誠実」ではないかと思う。

❖ 悩みを抱えた依頼者が安堵する楽天的で「陽気な」資質

　まず「陽気」である。

　法律家の対象とする事項は、もちろん、常に悲しいことばかりではないが、必ずしも明るいとは言えない事項を扱うことも少なくない。その人の人生が危機に瀕していたり、家族の生き死にや、企業の命運に関係するといった事柄もある。それだけに、法律家には、意識して陽気に仕事に立ち向かうという資質が求められる。

　例えば、弁護士が依頼者から法律相談を受けた場合に、どのように応対することが望ましいか。弁護士の対応や説明ぶりを苦にして、前途をはかなんだ依頼者が帰りがけに橋の上から飛び降りた、というようなことがあっては困る。

　弁護士が明るく爽やかに相談案件について説明・助言し、依頼者が「とりあえずこれで安心だ」と安堵して、法律事務所を辞去するというのが基本であろう。そして、こうした対応を自然にすることができるためには、弁護士の精神の根っこには、楽天的で陽気とい

う資質が必要なのである。

司法研修所の教官をしていた頃、こういう話を法律家の卵である司法修習生にすると、毎年必ず一人ぐらい、「教官、私は暗いと言われていますが、法律家には向いていないのでしょうか」という相談に来る者がいた。そう聞いてくること自体が問題ではないかとも思うが、陽気をモットーとする私としてはそう言うわけにはいかない。「いや、そのように自分をわかっている内省的な姿勢は大変よいことです。私が言いたいのは、法律家は、人に対して陰険であったり、意地悪であったり、事件に対して悲観的な姿勢であるのはまずいということです。そのつもりさえあれば、これからの司法修習の中でどんどん自分を変えていくこともできますよ」と、陽気に回答する。そうすると、彼らは「まあ、そうか」と、やや安心顔で戻っていく。

もっとも、このような相談をしに来る司法修習生は、極めて稀であった。というのは、司法試験の合格率が2～3パーセントであった時代の司法修習生の大勢は、楽観的で陽気なのである。おそらく、厳しい合格率の司法試験の受験勉強を続けて、首尾よく合格するには、楽観的で陽気なメンタリティを持っていなければ難しかったのだと思う。

法科大学院で学ぶ人がクリアしなければならない新司法試験の合格率は、現行試験のそれと比較すればケタ違いに高いものである。そうすると、これに挑戦する人たちのメンタリティにも変化をもたらすことになるかどうか、関心が持たれるところだ。

❖ 法律改正や新しい判例を把握するため「勤勉さ」が必須

次に「勤勉」である。

大体において、法律家は、現に勤勉か、かつて一度は勤勉だったといえるだろう。というのは、法律の勉強は、ある程度のレベルに達するのに必ず一定の時間が必要で、これは当人の頭の良し悪しにかかわらず、そうなのである。したがって、法律家としてスタートする以前の段階での相当の勤勉さが求められるのである。

さらに、司法試験は勤勉でないとなかなか合格できない。中には運がよかっただけという人もいる。試験である以上、運だけで合格する人は常にいるが、どこかで馬脚を現す。というより、司法修習についていけないことになるので、運だけに頼っていては、どこかで弾かれ、一人前の法律家にはなれないわけである。

そして、資格取得後も、法律が変わったり新しい判例が出るから、法律家は、継続的な勉強をしていかなければならない。医師が医学の日進月歩の進展にフォローアップしていかなければならないのと同様である。司法修習生に対して「自分の法律の知識は司法試験の受験時代が絶頂期で、その後は遺産で食べている」と煙に巻こうとする先輩弁護士がいるが、もちろんそれはジョークである。

生来の頭のよさや勘のよさで知識の欠落を補うことは、ある程度は可能であるが、限度がある。そこで、ベテランの弁護士でも、最新の問題状況の調査を怠って、自前の昔の知識だけで実務に当たっていると、相手方の若手弁護士に簡単に負けてしまうことがいくらでもある。そうした意味で、法律家には、自然に勤勉であり続けるという資質が必要なのである。

❖ ……… チームで仕事をこなす上で必要な基盤は「誠実さ」

最後に「誠実」である。

誠実であることは、人間としての美質でもあるが、法律家にも不可欠のものとして求められる資質である。例えば、弁護士法は、その冒頭の1条で、弁護士は、「誠実にその職務を行」うことに努めなければならないと、わざわざ明文で定めているほどである。

誠実であるべしという要請は弁護士に限られない。

なぜなら、法律家の仕事には、1から10まで全部自分でする小さな仕事と、複数の法律家が共同でチームとして取り組む大きな仕事とがあるからである。裁判官であれば、単独事件もあるが、複雑困難な事件は、3人の裁判官が合議体を組んで共同で担当する。検察官であれば、規模の大きな事件は、何人かで共同捜査をしていく。弁護士も、多数当事者の関係する事件では大勢の弁護士が弁護団を組んで取り組むことが珍しくない。

そうした場合には、当然のことながら、各人が仕事を分担して遂行し、できあがった各パートの成果を総合しつつ全体を検討するプロセスで進行していくことになる。

そして、ある人が分担した仕事については、ほかの人はポイントに関してレビューないしチェックするが、ポイント以外のところは「彼または彼女がやってくれた仕事だから安心」ということで次のステップに進んでいくのが通常である。それは、いちいち同じ程度の労力と時間をかけて繰り返してみなくても、誠実に仕事をしてくれているだろうという信頼が基盤にあるからなのだ。

しかし、チームで仕事をしていく場合に、パートナーが必ずしも誠実に仕事をしない人、人の見ていないところでサボったり、適当

に手を抜いてしまうことのある人、あるいは、そうかもしれないという不安を抱かせる人だとすると、共同で仕事をしていく基盤が成り立たない。

　誠実さが法律家の資質として必要であるという理由がここにある。

13 法律学をマスターする秘訣

　法科大学院の学生や法学部の学生から、「法律学を効果的に学ぶ秘訣はないでしょうか」と質問されることがある。そんなうまい話があれば、こちらが聞きたいと思うくらいだが、法律学を学び始めて40年余りになることを考えると、いくつかのヒントを示すのは後進に対する義務かもしれない。

　ところで、判事補になって3年目に、米国のロースクールに客員研究員として留学していたことがある。学生に交じっていくつかの法律学のクラスにも出席したが、よほど予習をしていかなければ何が話されているか理解できなかった。そこで、なぜかと考えた。

　まず、自分の英語力の不足があるが、これはやむを得ない。また、米国のロースクールでは、先生が一方的にレクチャーしていくのではなく、学生に次々に質問を投げかけ、考えさせては答えさせ、授業を双方向型で進めていく方法が採られている。これを「ソクラティック・メソッド」というのだが、これも初学者にとっては、わかりにくかった原因の一つだったと思う。

　しかし、あるとき、授業が終わって自分がわかった事項を整理してみると、予習して理解できていた事柄だけしかわかっていないことが判明した。つまり、前の日によく予習して、これはこういうことだなと得心した部分については「あのことを言っているな」とわかるのだが、それ以外のことはその場ではうまく理解できないのである。そこで、ハタと気がついた。

　わからなかったのは、それが法律の話であったからなのだ。思い

出してみれば、日本の大学の法学部で勉強していたときでも、多くの講義は、予習をせずに、漫然と聴講しているだけではよくわからなかった。

では、なぜ法律学は、そんなにわかりにくいのか。

❖ 一般用語と法律用語では同じ「殺意」でも違う意味がある

最大の理由は、法律学はある言葉（概念）について定義をして議論を進めるが、それが日常用語の意味とは違うことが少なくないからではないか。例えば「殺意」は、広辞苑では「人を殺そうとする心」と説明されており、これが一般人の理解であろう。ところが刑法学では、それだけではなく「自分の行為によって人が死んでもかまわない」という心理状態も、殺意と言う。これを、未必の故意（みひつのこい）と言うのだが、作家の曽野綾子さんが「密室の恋」と聞き間違え、法律学にも粋な議論があると思った、というエピソードがあるほどだ。

また、同じ「暴行」でも、「暴行罪（刑法208条）」の暴行と「強盗罪（同法236条）」の暴行とは、その程度が違うと解されている。前者の暴行は、人の身体に対する不法な攻撃一切を言い、驚かせる目的で人の数歩手前を狙って石を投げる行為も、これに当たる。これに対して、後者の暴行は、社会通念上被害者の反抗を抑圧するに足りる程度のものであることが必要であり、その程度に達していないものは、恐喝罪になるのである。これらは、その犯罪を処罰する法の趣旨・精神に照らし、暴行という文言を解釈し差をつけているのだ。

したがって、法律学を学ぶには、使われている言葉が意味する中

身を明確にし、きちんと押さえていくことが欠かせない。つまり、法律学のテクニカルタームは、一種の外国語のようなもので、その場でわかることには限界があるのだ。

そのようなわけで、法律学の効果的学習の秘訣の第1は、法律用語の定義をクリアにした議論をしなければ意味がないという構造を悟ることである。

さて、法律学をマスターするということは、自分の言葉で法を説明できる域に達することである。先に、法律用語の定義を明確にした上で議論していくことが必要であると述べたが、そうすると学生は、定義を覚えよう、暗記しようとする。最初はそれでやむを得ないが、本来は、その概念を自分の言葉で説明できるのが、一番だ。なぜなら、暗記したものは時にこれを忘れることは避けられないが、自分の言葉で説明できればもう忘れることはないからである。したがって、法律学の効果的学習の秘訣の第2は、自分の言葉で、ルールを説明できるところまでいくことを目標にすることである。

❖ エピソード 法律学マスターも難題だが、人をみて法を説くのも、また難題

最近は、裁判官も小中学校や高校から、児童・生徒に「裁判官の仕事のことを話してください」という依頼を受けて、その学校を訪問して講義をする活動をしている。この裁判官は、任官して2年目の女性判事補であるが、彼女が頼まれて、小学校4年生に講義をしたときのエピソードである。

判事補は、いじめはよくないという話を法的にわかりやすく話そうと思った。そこで、漫画・アニメでおなじみの『ドラえもん』を素材にし、のび太がジャイアンやスネ夫によくいじめられているシ

チュエーションを借りた説明をしようと考えた。これは、小学校4年生向けには、大変よい発想である。ジャイアンとスネ夫はのび太に対していろいろなパターンでいじめるが、判事補は、二つのパターンに分けて、ジャイアンたちが、①「のび太は算数のテストで0点を取った。だから、ばかだ。ヤーイ、ヤーイ」と言った場合と、②ただ、単に「のび太はばかだ、ヤーイ、ヤーイ」と言った場合とでは、法的には違うという話をした。

　①の「算数のテストで0点を取ったから、のび太はばかだ」と言うのは、事実を摘示している。不特定多数人の面前で事実を摘示して社会的評価を低下させたことになるので名誉毀損に当たる。そこで、判事補は「これは名誉毀損になります」という説明をした。

　これに対して、②の格別の根拠なしに「のび太はばかだ、ヤーイ、ヤーイ」と言うことは、のび太の名誉感情を害するものである。したがって、侮辱に当たる。判事補は、このように説明し、「名誉毀損になるにしても、侮辱に当たるにしても、いじめはいじめられる人の心を傷つけますから、止めましょうね」と話を締めたのである。

　これは、自分の言葉で、名誉毀損と侮辱の区別を説明するものとしては完璧である。設例にもオリジナリティとセンスのよさを感じる。この判事補は、地方から司法研修所の裁判官研修に来たときに、この話を同期の裁判官に披露したが、「おお、いい説明ではないか」と、大好評を博した。それでは「小学生の受けはどうでしたか」と尋ねたところ、「あまりわからないみたいで、ポカンとしていました」。

　人をみて法を説くことも、また大切なことなのである。

14 法律家の初心と理想と流動化

　司法研修所時代の教え子で、弁護士をしている女性（Aさん）がいる。弁護士になって10年余り、大変ユニークな活躍をしていた。彼女は、勤務弁護士の当時から、女性の権利にかかわる仕事に関心を持っていた。そこで、弁護士として、そうした活動をしたいと希望していたが、初めのうちは思うような仕事がこなかった。

　しかし、当初の気持ちを持ち続けていたところ、しばらくして、別の事務所の先輩弁護士から「あなたがやってみたいと思うような事件があるから一緒にやろう」と誘われ、セクシャル・ハラスメントの事件を一緒に担当した。Aさんは、その事件に一所懸命取り組み、その結果、首尾よくいった。

　それ以降、人的なつながりも次第にできて、どんどんそのタイプの仕事がくるようになった。セクハラ事件のほかに、ドメスティックバイオレンス（DV）など、妻が夫から家庭内で暴力を振るわれ、何とか離婚をしたいという事件も扱うようになった。地域の婦人相談員からも「DVで困っている女性がいます。先生なら上手に対応してくれると思いましたから、紹介しておきました」と依頼され、次々と類似の事件を受任するようになっていった。

❖ セクハラ・DVから女性を救う
　　　彼女は「弁護士が天職」

　そうした好循環で、社会的な関心が持たれ、マスコミ報道がされるようなケースにも携わるようにもなった。DVの事件は、裕福な

夫婦が当事者であることは稀で、いきおい「手元にお金はそれほどありませんけれども、何とか助けてください」という事件がほとんどだ。そこでAさんは、多くの事件を「法律扶助事件」という形で引き受けた。経済的なメリットは乏しいが、それ以上にやり甲斐がある。しかも、ほかに頼るところがない依頼者が、自分のところを訪れて、何とか紛争が解決することで、悩みごとも消えて大変喜んで帰っていくのを目の当たりにすることができる。

Aさんは、自分の弁護士事務所では事務員さんを雇わず、お母さんが事務員を勤めておられた。

彼女自身は「事務所の経営を考えると望ましくないのですが、自分でなければこうした事件はやれない。こういう事件を引き受けることによって、助かる人が現実にたくさんいると考えると、生き甲斐を感じますし、毎日楽しくやっています」と言って笑っている。

私は、それを聞いて大変感心し、思わず「偉い！」と褒めた。Aさんは「司法修習生の頃から、褒められたことがなかった自分が、初めて先生に褒められてうれしい」と冗談まじりで応え、「あなたには、弁護士が天職だったのですね」というやり取りをして笑い合ったのであった。

ところが、この話には続きがある。彼女は、その後しばらくして、弁護士任官をして裁判官になったのである。

弁護士任官制度とは、弁護士としての経験を生かして、裁判官の職務をしてことができるよう、弁護士から裁判官に任命されるシステムである。多くの裁判官は、司法修習を終えてすぐに任官しているが、そうすると、職層としての裁判官は、ともすれば経歴も経験も似たような均質化した集団になりやすい。

そこで、幅広く活動をし、当事者に近いところで経験を積んだ弁

護士を裁判官に登用して、風穴を開け、新風を吹き込むところに、弁護士任官制度の意味がある。裁判官の供給源の多様化・多元化ということである。したがって、弁護士としてよい仕事をしてきた人が候補になるのだが、弁護士であれば誰でも自動的になれるわけではなく、一定の審査がされる。

Aさんから便りが届いたのは、裁判官になれる見込みが立った任官の1カ月前であった。手紙には、「弁護士任官をするにあたっては、もっと前から相談したいと思っていたが、採用されるかどうか自信がなかったので、連絡が遅れてしまいました」とあった。彼女がそう考えたことはそのとおりであろうが、私から、弁護士としての活動を絶賛されたことも、おそらく連絡を躊躇させた一因になっていたと思う。

❖ 弁護士から裁判官へ、法律家として自分を狭めないよう

Aさんはあるとき、「このまま、女性の権利にかかわる案件の仕事を続けていくことは、社会運動家としてはともかく、法律家としての自分を狭め、限定してしまうことにならないか」と迷いを覚えたという。それまでの人的ネットワークが転じて、それがしがらみに感じられたのかもしれない。彼女は、考え抜いた末、新天地を切り拓くべく裁判官になりたいと志望したのである。

裁判官に任官した後のAさんは、弁護士として見つめてきた得難い社会の実相や、人々の生活実感についての知見や識見を余すところなく生かして、裁判官として見事に活躍している。

Aさんは、裁判官になっても相変わらず朗らかに仕事に取り組んでいる。あるとき、「あなたには弁護士が天職だと褒めた私の立場

はどうなるの」と冷やかしたら、何とも言えない困った表情をみせ、また互いに笑い合った。

　以上は、弁護士から裁判官に転職して成功したＡさんの話である。法律家の人材流動化は、このところとみに活発化している。

　その背景には、弁護士法改正による弁護士の公務就任の制限の撤廃や、営利業務に従事することの所属弁護士会の許可制から届出制へ移行したことなどの要因もある。

　公務員の期限付任用制度などを活用して、公務部門で仕事をし、法律家としての経験の幅を広げている弁護士は確実に増加している。

　そればかりではなく、弁護士が所属事務所を移籍することも、従前よりも活発化しているという。

　ビジネス弁護士のヘッドハンターも出現し、さまざまな事例を紹介した書籍が、若手弁護士の間で、話題を呼んでいる。西田章弁護士の『弁護士の就職と転職』（商事法務、2007年）がそれで、裁判官の眼からみても、企業法務の最前線において専門性と即戦力を求められるビジネス弁護士の、就職と転職の実際は興味深い。

　知り合いの若手弁護士は、「この本は、事務所には持っていけませんよ。読んでいるところをパートナー弁護士に見つけられたら、不穏な空気が漂いますから」と真顔で語って笑わせる。

　法律家の転職の背後には、その人なりのドラマがあり、弁護士任官をしたＡさんのようにさまざまな思いがある。法律家としての矜持を持ち続けること、自分の初心と理想を忘れないことは、どのような分野で活動するにしても、大切なことだと思う。

15 深い知識と雑学

法律実務家には、事柄や事象に対する深い理解が求められる。

およそ、どんな専門家にとっても「知識は力」であるが、法律実務家も、法律知識に限らず、いろいろなことを知っていることが、物事の深い理解につながるのだ。

❖ ┈┈┈ エピソード① メカ好き裁判官の大活躍

ある外車に「欠陥あり」として製造物責任訴訟が提起された。

外車を購入したAさんがこれを発進させて駐車場から出ようとしたときに、エンジンの回転数が急上昇して、急発進してしまい、ブレーキを踏む間もなく、向かい側のブロック塀に衝突をする事故が発生した。幸いにもAさんにケガはなかったが、車は全損状態になった。そこで、Aさんは外国のメーカーと輸入代理店に対して、車両価格について損害賠償請求をしたのである。

これは「自動車の構造上の欠陥の存否」が争点となる難易度の高いケースと言える。民事訴訟事件は、多くのケースでは裁判官が一人で審理するが、争点について難易度が高かったり、専門的知見を要する訴訟は、三人の裁判官で審理する。これを合議事件というが、この欠陥外車事件も合議事件となった。地方裁判所の合議事件は、ベテラン判事が裁判長となり、若手の判事（または経験5年以上の判事補）が右陪席裁判官、経験の浅い判事補が左陪席裁判官となる。右陪席・左陪席は、法廷でそれぞれ裁判長からみて右・左に座ることから付けられた名称である。

欠陥外車事件の担当となった右陪席裁判官は、大学時代に自動車部でならした人だった。そのために、自動車のことはメカを含めて大変詳しい。

　彼は、弁論準備を担当して、こういう事故が起こる可能性は少なくとも三つあると分析した。

　第1に、電磁波によって自動車のコンピュータ制御が一時的に利かない状態になる場合。今の自動車はほとんどがコンピュータ制御なので、そういうことも稀(まれ)にあるという。

　第2に、運転者であるAさんがアクセルとブレーキとを踏み間違えた場合。

　第3は、自動車にそれ以外の何らかの構造的欠陥があった場合。

　彼は、そのように指摘した上で、双方の弁護士、さらには輸入代理店の技術担当のメカニックと議論を重ね、そのような論理的な可能性が現実的蓋然性(がいぜん)となると言えるだけの証拠があるかどうかを検討していった。

　その結果、現場は電磁波の影響が出るような環境ではないので、第1の可能性は低い。この事故を近隣のマンションから見ていた人はいるが、その事故目撃情報だけでは、構造的欠陥があったといえるだけの証拠にはならない。しかも自動車は廃車にされていて検証のしようもない。そうすると、運転者のアクセルとブレーキとの踏み間違いという見込みがかなり高い。しかし、構造的欠陥の可能性が全くないともいえないというまとめをした。そうすると、それならばという話になっていき、双方納得の上で、輸入代理店が請求額の1割を支払うということで和解ができた。

　このケースは、裁判官に事象についての深い知識があったからこそ、当事者も得心して、そうした解決にたどり着けたという好例で

ある。このように、知識が問題解決に役立つことは、ほかにもいくつも例がみられる。

例えば、その業界で、一定の状況において、どのように考え行動を取ることが通例かという知識は、紛争解決のためには不可欠である。

❖⋯⋯⋯ エピソード② 金融機関の行動様式は

両親に結婚を反対された若い夫婦が、ローンで住宅を購入して、子どもも生まれて仲よくやっていたが、その後、不仲になり離婚してしまった。住宅は元夫の所有としたが、離婚後はローンを返す気力も失せ、返済が停滞し、結局、その住宅は競売されてしまった。

しかし、なおローンだけが残存しているが、元夫は支払う気はないし、支払能力も乏しい。こうした中で、金融機関から元妻の父親に対して保証債務履行請求訴訟が起こされた。それというのも、元妻の父親名義で連帯保証契約書ができていたからであるが、実際は、元妻とその母親が契約書を作成したもので、父親はその作成に全く関与していなかったのである。

こうした事実が関係証拠から明らかになったとすると、住宅は競売されローンだけ残った、ある意味で気の毒な事案でもあるし、父親に対する請求は棄却という結論で法的にはおかしくはない。

しかし、元妻とその母親が父親名義の連帯保証契約書を作成したことは、契約書を偽造したことになるから、不法行為に基づき、損害賠償請求ができることになる。そして、金融機関は、債権回収の努力を一定程度しなければ損金処理ができないから、その行動様式からして再訴の可能性は高いと考えられる。

そこで、裁判官は、紛争の実質を全体的にみて、残債務の1割な

いし2割を支払い、残りを免除するということで解決したらどうかという和解案を双方に提示して、解決に導いた。これは、裁判官が金融機関の損金処理の実情とその行動様式を知っていたことからできた提案である。

❖ エピソード③ 統合失調症発病リスクの確率

人事訴訟を適切に運営するのに役立つ雑学的知識もある。

子どもが統合失調症に罹患(りかん)したことを契機として、その両親が不仲となり、離婚訴訟になっているケースがあった。

両親のいずれもが、「自分の家系にはそんな者はいない。お前の家系のせいだ」という泥仕合を展開した末の出来事である。しかし、統合失調症は、実は相当に多くみられる病気なのである。統計的にみると、一般集団で1パーセントみられるから、100人に1人の割合で発症する可能性があるものだ。

裁判官にそうした知識があれば、悩める当事者に対して「そういうことですから、どちらかの家系が遺伝的に云々(うんぬん)というような話ではないですよ」という説明をすることができる。そうなると、両親も「ああ、そうなのか」と受け止め、状況を客観的にみることができるようになる。そして、離婚話をしている場合ではない、家族が結束して子どもの治療に全力を挙げようということになっていくケースも、実際にあるのだ。この件では、離婚請求訴訟が取り下げられた。

法律実務家は、このように雑学的知識を持っているほどよいが、もちろん、学びが雑になってはいけない。

16 裁きの限界と法律家の役割

ここに一連の新聞記事がある。なぜこれを紹介するのかは、結びに譲り、まず記事を紹介してみたい。

主婦殺される――顔見知りの犯行か

昭和○○年10月24日午後6時45分頃、甲市乙区の公営住宅会社員Ａさん（52歳）方風呂場で、妻のＢさん（46歳）が頭から血を出して死んでいるのを、帰宅したＡさんがみつけた。Ｂさんの首に絞められた跡があり大阪府警捜査一課は殺人事件と断定し、乙署に捜査本部を置いた。

調べによると、Ｂさんはブラウス、スカートの普段着姿。水が3分の1ほど入った浴槽に頭を突っ込む格好で死んでいた。後頭部を鈍器のようなもので2カ所殴られていた。死因は首を絞められたことによる窒息死で、死亡推定時刻は同日午後3時か4時頃。

玄関に数滴の血があったほか、廊下や台所にもかなりの血が付いていた。四畳半の奥の間には1万円余りの現金の入ったＢさんのハンドバッグが残されており、2DKの室内も物色の跡はなかった。Ｂさんの衣服には乱れがなく、それほど抵抗した跡もなかった。

Ａさんの話によると、同日午後6時15分頃、会社から帰宅すると、内側から鍵がかかり、電気もついていないので不審に思い、合鍵で入ると、玄関や廊下に血が流れていた。Ｂさんは心臓が悪く血圧も高いため、血を吐いたのではないかと思い、市内の親戚や通院していた病院に電話をかけたが、Ｂさんはいなかった。この後、栽培している菊に水をやったり、血を拭いたりして部屋を片付けた。

帰宅から半時間後、風呂場をのぞいたらBさんが死んでいた、という。

捜査本部は、①物色した跡がなく、抵抗の跡も少ない、②殴った上、絞殺するなど殺害方法が残忍などの点から顔見知りの犯行ではないかとみて、Bさんの交友関係を中心に調べる一方、Aさんから発見時の状況を詳しく訊いている。また、同日午後一時すぎ、近くの人が公営住宅横の公衆電話前で、Bさんをみかけており、午後2時頃から同6時15分までの間に、部屋を訪ねてきた犯人に襲われたらしい。（○○新聞10・25朝刊）

示談相手を指名手配──主婦殺し、夫の事故でトラブル

会社員Aさん方で24日夕、妻Bさんが殺されていた事件で、捜査本部は25日、乙区内の無職C（50歳）の犯行とみて、Cを殺人容疑で指名手配した。

調べによると、Cの長男（20歳）が4年前の5月、甲市内でAさんをオートバイで跳ねて大ケガをさせ、その示談金をめぐってCとAさん夫婦との間でトラブルが続いていた。

24日夜、Cの自宅に実母、長男に宛てた遺書めいた手紙が置いてあるのを家人がみつけ、25日早朝、捜査本部に届けた。また、Cは24日夕、甲市丙区内の友人宅に電話をかけ、友人の妻に「Aさん方に行って奥さんを殺した。親父もやってやろうと20分ほど待っていたが帰ってこなかった」と話していた。

Cの自宅から犯行時着ていたと思われる服のほか、衣類一式がなくなっており、捜査本部は、Cは犯行後、自宅に戻り、手紙を書いた上、着替えの衣類を持ち出した、とみている。

Cは、母親、長男の三人暮らし。トラック運転手をしていたが、Aさんとの示談交渉を進めるうち、仕事を辞めた。家人や友人らの

話では、最近はふさぎ込みがちだった。(○○新聞10・25夕刊)

Cの自殺——主婦殺し容疑者

会社員Aさんの妻Bさんが殺された事件の容疑者として指名手配されていたCが26日朝、丁市内の緑地で首をつって自殺していたのがみつかった。

調べでは、死亡推定時間は25日午後10時から26日午前0時頃。古い電気コードを野球場裏側のポプラの木の枝にかけていた。家を出た時のままの背広姿で、ズボンのポケットに本人の運転免許証と5万円の入った財布があった。

捜査本部の調べでは、Cは24日午後3時半頃、Aさん方を訪ね、応対に出たBさんの後頭部を用意していた棒のようなもので殴った上、細い紐で首を絞めて殺し、死体をAさん方の浴槽に投げ込んだ疑い。CはAさんも殺そうと計画、勤めに出ていたAさんの帰りを待ったが、約20分後、Aさんの殺害計画をあきらめ、逃げていた。

調べでは、Cの長男が4年前の5月、甲市内でAさんを跳ね、大ケガをさせた事故の補償をめぐる訴訟でこの夏1750万円を支払うよう命じる判決を受けてから、「額が高すぎる」と、Aさん夫婦を逆恨みし、Aさん方にたびたび押しかけるなどのトラブルを起こしていた。Aさん方の玄関にCの指紋が残っていたことや、犯行当夜、犯行を認め自殺をほのめかす手紙を自宅に置いて姿をくらませたことから、Cの犯行とわかり、25日午後指名手配していた。(○○新聞10・26夕刊)

❖ ……… もう一つの悲劇

この殺人事件の背景には、Cの長男が起こした交通事故があった。それは、友人のオートバイを無断借用したCの長男が無免許で

運転をしているとき、赤信号を無視して、横断歩道を通行中のAさんを跳ね飛ばして逃走したという悪質なものであった。

C側は、無保険であることもあり、事故後の賠償交渉にも誠意ある対応をみせなかった。結局、Aさんは提訴し、判決を得た末に、この事件が発生したのである。

交通事故の被害者が加害者を恨んで暴力行為に及ぶことは、もちろん許されないことであるが、理解できないことではない。

しかし、この事件は逆に、加害者側が被害者側に危害を加えた、特異なケースである。

ある週刊誌は、この事件を、「崩壊家庭（Cは長男を引き取り離婚、長男は当時家出をしていた）が交通事故を招き、判決を逆恨みしての犯行」と報道した。

交通事故に限らず、およそ事故は悲劇である。この事件は、それがもう一つの悲劇を引き起こしてしまった。民事紛争の中で紛争解決システムに乗りきれないケースの中には、その関与者が特異なパーソナリティの持ち主である場合は少なくない。訴訟制度も万全ではないのである。

この事件について、安易な論評は許されないが、A・B・Cそれぞれの人生の無常さを感じないわけにはいかない。それとともに、訴訟制度ひいては紛争解決システムのあり方とその限界、さらに法律家の役割は何であるかを考えさせられる。

法律家は、もう一つの悲劇の発生を食い止める防波堤でありたいと思う。

17 一枚上手をいくこと

　民事訴訟の当事者の中には、裁判所ばかりか、自分の依頼した弁護士を欺くことも厭（いと）わない人もいる。だから、弁護士は、無前提に依頼者性善説に立つことはできない。裁判所も、そうした当事者がいることを承知した上で、主張や証拠をみていくことが必要になる。つまり、弁護士や裁判官は狡猾（こうかつ）な当事者の一枚上手をいかなければならないのだ。

　そのようなエピソードを二つ挙げることにしよう。

❖ ─── エピソード① 「庇（ひさし）のせいで違約金を払わされた」不自然な契約の真相

　Xは、隣人のYに対して、損害賠償を請求した。それというのも、Y所有建物の2階窓の庇部分がX所有の隣地にわずかに越境していたのだ。正確に言えば、窓の庇部分が空中で越境しており、越境部分は、335.22平米の土地のうち、0.132平米であった。

　Xは、Yに越境部分を撤去してほしいと交渉した。2階窓の庇部分を短いものに変えればよいのだが、素人のYには無理で、大工に頼む必要がある。Xは、「交渉の中で、Yは、一定時期までに撤去することを約束した」と主張した。

　Xは、甲（不動産業者）との間で、自己の土地を売買する話が進んでいて、これに支障がないよう、Yに2階窓の庇部分の変更を交渉したという事情があったという。しかし、Yは、約束した日までに撤去の履行をしなかった。そのため、Xは、甲に土地を売却する

ことができず、土地売買契約の違約金支払いを余儀なくさせられたとして、Yに対して、損害賠償を請求したのである。

Yは撤去の約束はしていないと全面的に争ったが、訴訟係属中に越境部分を撤去するという常識的な対応をした。一審判決は、Xが言うような「Yが撤去の約束をした事実」は認められないという理由でXの請求を棄却した。

しかし、Xと甲との売買契約が真摯（しんし）なものとして存在したとすれば、XはYに撤去の約束をさせた蓋然（がいぜん）性がある。そこで、この売買契約を検討する必要がある。

Xが甲と締結したという土地売買契約（代金額5300万円）には、確かに、違約金の特約がある。特約は「Xが自らの責任において一定時期までに越境状態を直させるが、これができないときは売買契約は取り消され、Xは甲に代金の１割相当を支払う」というものだ。そして、Xが甲に対して530万円を支払った旨の領収書も証拠として提出されている。

しかし、よく考えてみると、この特約付売買契約は奇妙だ。土地全体との比率からすると、越境部分は極めてわずかであるし、しかも、空中の越境なのであるから、甲がこの土地を本当に取得したいのであれば、わずかな越境を気にするのは、はなはだ不自然である。また、違約金の額も多いし、越境解消の対応を売主のX任せにすることも買主甲の購入意欲を疑わせる。

そうすると、このケースでは、経験則上、Xと甲との土地売買契約の成立それ自体に強い疑問が生じる。つまり、Xは、越境をタネにしてYから金をせしめてやろうと企み、甲と組んで、売買契約を仮装した疑いが持たれるのである。その場合、違約金の領収書はもちろん虚偽のものだ。この推論が正鵠（こく）を射ているとすれば、まさし

く訴訟詐欺である。

　このケースでは、Xの弁護士は、売買契約自体の疑問に思い至ることが必要であった。売買契約書や領収書まで作出したXに利用されてしまったのは、専門家としては、お粗末と評価されることになろう。控訴審の裁判官は、狡猾なXの一枚上手をいき、この点に気づき、Xの控訴はあえなく棄却された。

❖ ……… エピソード② 　**僧侶の陳述書の真偽**

　夫から妻に対する離婚請求訴訟において、妻は離婚したくないという構えを示した。その理由は、愛情が残っているからというわけではなく、「世間体がよくない」し、「夫の思いどおりにしてなるものか」という意地に基づくものであった。

　そうしたこともあって、婚姻関係破綻(はたん)の事実が明らかになってきた審理の途中からは、妻は「どうせ離婚になるなら、損にならないようにしたい」とスタンスを変え、離婚請求が認容された場合に備えて、財産分与の申立てをした。夫婦とも有職で収入があり、婚姻生活で蓄えた財産は一定の額がある。

　ところが、財産分与の原資となる預貯金から、妻が200万円を引き下ろしているが、使途は不明であった。夫は、妻が隠しているか、浪費したものと主張した。妻は、夫婦関係がこじれ、情緒不安定になり、参拝した寺院の賽銭箱(さい)に200万円を入れてしまったと主張した。妻は「うつ状態」との医師の診断書も提出しており、精神的に参っていたことは認められる。もし、妻がそうした精神状態で賽銭に使った事実があれば、浪費した場合と同じように扱うことは相当とは言えない。

　妻側は、当該寺院の僧侶名義で、妻が主張する時期に「200万円

もの大金が賽銭箱に入れられていたことがあった」旨の陳述書を提出した。通常は、このような第三者の陳述書が提出されている場合には、その者に利害関係のない限り、あえて嘘を記載する動機はないから、信用してよいことが多い。そして、この僧侶に利害関係はなさそうだ。

しかし、夫側の甲弁護士は、裏を取ろうと考え、その寺院の僧侶に、当該陳述書を持参して見てもらった。

その結果は、どうであったか。

僧侶曰く、「この陳述書は自分が書いたものではない。賽銭箱に200万円が入っていたこともない」。甲弁護士は、次回期日に、全く反対の内容の僧侶名義の陳述書を提出した。

驚いたのは、妻側のB弁護士である。というのは、前回提出した陳述書は、妻が「お坊さんに書いてもらいました」と持参したものを、そのまま裁判所に証拠として提出したものだったからである。B弁護士は、「妻本人に確認してみます」と応じて、その期日を終えた。その後、B弁護士は、裁判所に訴訟代理人辞任届を提出した。

B弁護士は、依頼者である妻に、どういうことかと詰問し、自分をも騙すような虚偽の書面を作成するような人物であることを悟ったのであろう。その上で、とても信頼関係を維持することができないと考えて、辞任するという形で、スジを通したのだ。

この判決では、200万円は、妻が隠していると認定された。A弁護士が、ずる賢い妻の一枚上手をいったことが、誤りのない事実認定を導いたのである。

18 詐話師の肖像

A弁護士は、受け取った判決を読んで臍を噛んだ。

A弁護士は、詐欺被害にあった依頼者B（中年女性）を救済するため、Bを騙した甲と乙とを被告とする損害賠償請求訴訟を提起していた。判決では、乙に対する請求は認められたが、甲に対する請求は棄却されてしまったのだ。A弁護士の見立てでは、黒幕は甲であり、騙し取られた1200万円も、甲の懐に入っているはずなのである。

❖ 詐欺被害者を狙って近づき信用させてカモに

事の発端は、BがC社のマルチ商法による詐欺被害にあったことだ。Bは、インターネットで同様の被害者の情報を収集する中で、同じく被害者だというD（女性）から被害金取戻しの助言者として乙（女性）を紹介された。Bは、C社が説明会を開くことを知り、「上京してこれに参加する」と乙に告げた。乙は「それなら、甲（男性）という人がいる。国連関連団体の幹部であり、フリーメーソンのメンバーで、公安や防衛庁の幹部にも顔が利き、政治家とのつながりもある。その人脈を利用すれば、被害回復も早い。ついては、説明会当日、甲を同行するので、損害取戻しのお願いをしたらどうか。謝礼を払う必要はあるが」と勧めた。Bは、半信半疑であったが、甲に会ってみて信頼できそうであれば、頼んでもいいと考えた。

説明会当日、Bは、甲・乙と会場で待ち合わせ、終了後、相談を

兼ねて会食した。その席で、甲は「自分は、元警視総監である某と懇意にしているから、詐欺被害の回復は任せてほしい」と胸を叩いたが、そこに甲の携帯電話に着信があり、「ちょうど某から電話がかかってきた」と説明した。そうしたこともあって、Bは、助力を依頼し、10万円を謝礼として渡した。

その後、甲のC社との折衝について、乙からしばしば電話があったが、C社の詐欺被害の回復は進展しなかった。しかし、Bは、乙と接するうちにだんだん親しみを感じ、投資話もするようになった。すると、乙は、「甲から銀行の不良債権処理がらみの儲け話の情報が入り、自分は投資する。利益は確実で、危険はなく、政財界に顔の広い甲だからこそ入手できた情報だ。あなたも、この話に乗せてあげるから、こちらで儲けたらどうか。C社で被った損害以上の利益が上がる」と勧めた。Bは、その気になり、上京して900万円を乙に手渡した。

その後、Bは、「自分の知人が所有する市街化調整区域内の農地の転用につき甲の人脈による助力がほしい」と、乙に頼んだ。甲は乙と一緒に、現地を見にきた上で、「自分の息のかかった人物に頼んであげましょう」と言い、引き受けた。その後、乙から、当面の費用として、300万円が必要と言われ、これを知人から受け取り、乙に振込送金した。

しかし、結局、甲はC社の被害回復もせず、銀行の不良債権処理がらみの儲け話のリターンもなく、農地の転用も進まなかった。

Bは騙されたのだ。

このように時系列で整理していくと、なぜBが騙されたのか不思議なほどであるが、A弁護士は、それは、甲と乙とがプロの詐話師であるからだと考えた。Bのように小金を持っていて、投資に関心

のある「小市民な欲張り」は格好のカモである。プロの詐話師にかかれば、Bなどは、赤子の手をひねるようなものだ。A弁護士は、乙を紹介したというDも、実は詐欺グループの仲間ではないかと疑っている。

このような事実経過を持つ詐欺不法行為事件について、地裁の判決は、乙の責任は認めたが、甲の責任を否定したのである。その理由は、Bと甲とが会ったのは、わずか2回であり、後は、すべて乙とのやり取りで事柄が展開しているから、関与が薄すぎるというものであった。

❖ ……… プロの詐話師の手口を証明

A弁護士は、事件の組み立てを練り直した。控訴審では、甲の詐話師としての実像を浮き彫りにしなければならない。甲が、この事件の黒幕で、乙と共謀があったと推認することができるだけの間接事実を、裏付証拠とともにしっかり出していこうという戦略を立てたのだ。

間接事実の第1は、甲と乙との本件関与の不自然さである。彼らは、C社の詐欺被害者ではないのに、被害の回復の助力者・協力者として、Bの前に登場している。詐欺被害にあう人は、何度も被害にあう蓋然性(がいぜん)が高い。甲と乙は、カモを物色し、Bに接近したとみることができる。

第2に、甲の正体の解明を試みた。甲は国連関連団体の幹部であるとか、政治家とのつながりもあるとの触れ込みであったが、甲は、全然そのような人物ではなかった。A弁護士は、甲の名刺の肩書が虚偽であり、関与団体の実体がないことを示す証拠を新たに追加した。

第3に、甲の手口の意味合いを詳述した。甲は、説明会終了後の会食の際、Bに対し「自分は元警視総監と懇意である」と述べた席で、元警視総監本人から甲に電話がかかってきたと説明した。そのように都合よく電話があるはずはなく、もちろん甲に元警視総監の知り合いはいない。これは、典型的な詐話師の手口である。

　第4に、乙の手口の巧妙さを詳述した。乙は、甲にすがれば一般人では得られないお裾分けに預かれるという話を繰り返しBにして、信用させた。計画的にBの気持ちを操り、騙すことに成功したのは、腕利きの詐話師だからである。

　第5に、これが決定的であるが、甲と乙との親密さである。甲と乙とは農地をみにきた際、ホテルの同室に宿泊している。二人は、男女関係がある仲で、相互に緊密な連絡を保っていたと考えてよい。

　以上のような事実からすると、甲がBと会ったのは2回限りであったとしても、甲と乙とは、連携しながら、Bを嵌めていったものと推認できる。A弁護士は、控訴理由書で、そう論陣を張った。

　控訴理由書を読み、記録を検討した控訴審の裁判官は、「なるほど、これは確かに詐話師の手口だ」と納得した。この裁判官は、過去に、「自分は松本城主の子孫である。父も兄弟も医師である。〇〇銀行頭取は、伯父である。宮内庁や議員会館はフリーパスで入ることができる。元首相や財界人とも交友がある」などと口から出まかせの話をして、被害者を信用させていた詐話師の事件（東京地判平成12年9月27日判タ1050号145頁）を手がけたことがあったのだ。

　控訴審判決では、一審判決取消の上、甲・乙両方に対する請求が認容され、A弁護士は安堵の胸を撫で下ろした。

19 弁護士の果たすべき役割

　裁判官になってからずっと、民事紛争処理プロセスにおける弁護士の役割に関心を持っている。

　それを知った人から、「裁判官なのに、どうして弁護士の仕事に興味があるのですか」と尋ねられることがある。

　「それは、いずれ弁護士になって、一旗揚げたいと思っているからですよ」と答えると、一瞬怪訝（けげん）な顔をする人と、冗談だと気づき笑顔になる人とがいる。

　実は、弁護士の役割を勉強したいと考えたのは、裁判官になりたての時期に、弁護士が被告人となる刑事事件を2件担当したことがきっかけである。

　1件は、弁護士登録して20年余の経験のあるA弁護士が、依頼者からの預かり金600万円を保管中に着服して横領し（業務上横領被告事件）、さらに知人から手形割引の斡旋（あっせん）を頼まれ、預かり保管中の約束手形（額面500万円）を自己の債務の支払いに充てるため第三者に交付して横領した（横領被告事件）というケースだ。

　これには、懲役1年8カ月の有罪実刑判決を下した（東京地判昭和51年2月3日）。A弁護士は、過去に、背任等により懲役1年執行猶予3年、罰金20万円の有罪判決を受けており、その上告中の出来事で起訴されたので、執行猶予も取り消されることになった。

　A弁護士は、外見は格別悪辣（あくらつ）にはみえず、法廷ではむしろ淡々としている印象であった。それにしても、いくら金銭に窮していたとはいえ、どうして非違行為を繰り返したのかは疑問であるが、スジ

ユニット2　「法律家」のリーガル・エクササイズ

のよくない借金があり、強硬な取立てを迫られた末、「貧すれば鈍する」を地でいったもののようであった。

ただ、金銭で済むことであれば、誰か救いの手を差し延べる友人・縁者はいなかったのか、あるいは周囲にも迷惑をかけた挙句のことであったのか、新人裁判官としては大いに考えさせられた。

❖ ……… 請求内容は正当でも示談交渉の方法が不相当

もう1件は、元検事で著名なB弁護士が、消費者団体の代表者とともに、欠陥車が自動車事故を惹き起こしたとして、自動車メーカー・販売会社との示談交渉に当たり、損害賠償金の交付を要求し、これを受領したことが、企業に対する恐喝・同未遂に問われた事件である。

これは「ユーザーユニオン事件」として知られているが、昭和40年代後半、にわかに欠陥車問題がクローズアップされたことがある。B弁護士は、マスコミから、一時は日本のラルフ・ネーダーと言われ、強者である大手自動車メーカーに果敢にアタックし、被害者を救済するヒーローとして持てはやされていた。

ところが、起訴されると、一転して今度は法律知識を悪用して企業をゆすった悪徳弁護士という論調の報道に変わった。

B弁護士は、自動車メーカー各社を相手にして自動車の欠陥が事故の原因であると主張して示談交渉をしたが、示談交渉において、ある請求権を行使する場合には、請求の内容が正当であっても、その方法が不相当であれば違法になるというのが刑法理論であり、そこが争点となる事件であった。

自動車ユーザーの消費者団体であるユーザーユーオンは、消費者運動の先駆者と言える。当時のベストセラー小型車に欠陥ありとい

うクレームで名を上げたが、審理の中で、団体発足当時、そのメーカーの競争相手である自動車会社の販売店グループから資金提供を得ていたことなど、それまでマスコミ報道されていなかった背景事情も明らかにされた。

肝心の争点は、B弁護士のした示談交渉の方法が製造物責任を追及するものとして適法であったかという点にあった。こうした紛争解決交渉は、自分の側に権利（損害賠償請求権）があることを、相手方にきちんと認識できるような形で裏付資料を積み上げ、反論も聴き、両者の言い分を出し合った上で、「それでは賠償額はどのくらいにしましょうか」というプロセスが必要である。

ところが、B弁護士は、手堅くオーソドックスな示談交渉をするのでなく、企業に一諾で要求を呑めと迫ったのだ。「要は経営者の器量の問題である。要求を呑まなければ〇社と同じようにマスコミから火の手が上がりますよ」という身もふたもない言い方もしていた。

実際に、ユーザーユニオンが記者会見をすれば、翌日の朝刊トップで報道されることが続いた時期があったので、そうした言い方は交渉の相手方には迫力あるものとして受け止められた。

企業側も反論したが、B弁護士は、具体的な事実関係に基づく再反論ではなく、「あなた方は欠陥車を作り、利益を得る一方、欠陥車事故で被害者を悲しませ、苦しめていることは恥ずかしくないのか」との抽象的な企業性悪説を展開し、聞く耳を持たないという対応に終始した。

このような事実認定を前提にすると、B弁護士の示談交渉は違法性があると評価せざるを得ない。そうしたことから、一審ではB弁護士に懲役3年の実刑有罪判決が下され、控訴審は一部無罪としたが（懲役2年執行猶予4年）、最高裁で上告が棄却され、有罪判決が

確定した（東京地判昭和52年8月12日判時872号21頁、東京高判昭和57年6月28日判時1047号35頁）。

❖……… 弁護士の果たすべき役割の限界領域

B弁護士は、法律家としては極めて有能で、論旨明晰（めいせき）で説得力のある書面を作成し、証人尋問でも、自分で反対尋問に立ち、証人に対して、自分の聞きたいことだけ聞いて、言わせたくないことは一言も言わせないという水際立ったスキルを発揮した。法律家として一級の能力とスキルを持つB弁護士がどうして刑事訴追されるような無理な示談交渉に及んだのか。

弁護士は、依頼者の利益を最大限に擁護するため活動するが、正当な目的実現のためには手段を選ばなければならない。B弁護士は、依頼者の要求実現のみに急な、強引で合理的対話の精神を欠いた示談交渉は避けるべきであったのである。

B弁護士には、残念ながら、弁護士としてどのような役割を果たすべきかという認識に不十分なところがあったのではないか。

ただ、弁護士の果たすべき役割とはどのようなものなのか、その限界領域はわかりにくい。

この事件を契機に弁護士の役割について勉強を始めたのだが、思えば、それから30年以上経ってしまった。細々と続けてきた研究の成果を『弁護士役割論』（弘文堂、1992年初版、2000年新版）、『コモン・ベーシック弁護士倫理』（有斐閣、2006年）として上梓したが、なお前途遼遠である。

「少年老い易く、学成り難し」という箴言（しんげん）が身に沁（し）みるこの頃である。

20 正直であること

 ビリー・ジョエルは、『オネスティ』（1978年）で、正直であることの素晴らしさを歌い上げる。
 正直さなんて滅多にないが、でも、君にはまず正直であってほしい―『オネスティ』は、しみじみと聴けるラブバラードだが、パートナーに正直さを求める気持ちはよくわかる。

❖ 弁護士が担保する真実義務

 民事訴訟の訴訟当事者は、自分が真実に反すると知りながら、ある事実を積極的に主張したり、それを裏づける証拠を提出してはいけない。また、真実に反すると知りながら、相手方の主張事実を争ったり、反証を提出することは許されない。これを、「真実義務」というが、ここで言う真実とは、客観的真実ではなく、当事者が真実だと考えている主観的真実である。つまり、自分の認識に反して虚偽を主張することはできないというルールだ。その限りで、民事訴訟で相争う当事者にも、正直さが求められているのである。弁護士は、当事者の真実義務を担保する立場にある。ただ、弁護士は、依頼者の秘密を守る義務があるから、無前提で正直であることはできない。

 そうした依頼者の秘密保護や真実義務にかかわらない事項については、弁護士は正直であることが関係者から信頼を得る前提になる。

 しかし、多忙のゆえの手落ちを糊塗するため、あるいは自己の優

秀性を誇示するために、弁護士が嘘を言う場合がある。例えば、緊急の依頼事項に着手できていないのに「手続を進めています」と告げたが、実は、そうでないことが発覚した場合には、依頼者から懲戒請求を申し立てられることがある。

　裁判所としても、正直な弁護士は信頼できるが、そうでないときには用心して手続を進めようと考える。若手の裁判官から、和解期日を重ねているのに、前回言ったことを翻す弁護士に対して、どのように対応したらよいか相談されることがある。

　これは、前言を翻す行為が意図的であるかどうかを見極めることが必要で、意図的な場合には、相手方の不信を買い、どの道、和解には至らないであろうから、和解を打ち切るのが相当だ。前回期日で、弁護士がその前提や条件を詰めないで一定の金額を提示したものの、後日撤回したという場合には、迂闊さは反省してもらわなくてはならないが、再調整の余地はある。前言撤回をわざとしているわけではないからである。

　控訴審で、控訴理由書や答弁書で触れるべき判例に言及していない場合には、裁判所は、弁護士に対し、「云々の判例との関係で議論を展開しないのはなぜですか」と、その理由を確認する。その場合に、最も正直な対応は、「調査不足で、気づきませんでした」というものだ。そうした対応をすれば、「その点を補充したいから、期日の続行を希望します」との申出を拒絶されることはないであろう。

　これに対して、答弁書を提出した弁護士が、「その判例は知っていますが、あえて触れませんでした」と答えることがある。それが新しい判例で、最高裁判所のウェブサイトでは紹介されているが、判例雑誌には登載されてはいない場合、「その判例は知っています」

という答えには疑問符が付く。そうした対応を取れば、当然に裁判所から「それでは、その判例を説明してみてください」と突っ込まれるが、その場で立ち往生して馬脚を現すことが少なくない。また、判例を知りながら触れなかったというのは、手を抜いたか、本件には関係がないと思ったか、いずれかである。手抜きは論外であるし、後者であれば、検討不足と言うほかない。知らないことは、正直に兜(かぶと)を脱ぐ方が潔いし、恥をかくにしても一時の話である。

❖ 法廷でみた、弁護士の「正直さ」

妻から夫に対する離婚請求訴訟の控訴審の法廷での出来事である。夫は「妻が不倫をしていて、有責配偶者であるから離婚請求を棄却すべきである」と争ったが、一審判決は、不倫の事実は認められないとして、妻の有責配偶者性を認めず、離婚請求を認容した。夫からは、不倫の証拠として、ほかの男性とのやり取りのメールが提出されている。そのメールを普通の感覚で読めば、まず男女関係があることがうかがえるものであったが、一審判決は、「妻と他の男性の当該メールは、バーチャルな擬似的恋愛ゲームのようなものとみることもできる」と判断した。特別の事情がある場合でなければ、そう判断することは無理である。

控訴審の第1回口頭弁論期日において、裁判所は、妻（被控訴人）の訴訟代理人弁護士Aに対し、「一審判決のような評価・判断について、どう思うか。控訴審で維持されると思うか」と問いかけた。そのとき、A弁護士は、どのように答えたか。

曰(いわ)く、「ノーコメントです」。

A弁護士は、一審判決をよく検討し、控訴審では、この理由ではもたないと予測したのだろう。経験則に反する事実認定の正当性を

強弁することも可能であったが、あえて「ノーコメント」発言をしたのだと思う。その返答は、当意即妙であり、裁判所や夫側の弁護士の笑いを誘った。A弁護士の返答の根底には、正直さがあり、好感が持たれたのだ。

❖ ……… 書証原本を持参しない理由

　現在の民事訴訟法では、訴状に基本的な書証の写しを添付することが必要で、第1回口頭弁論期日に、これを取り調べることになっている。そのためには、書証の原本を持参することが必要だ。スピーディな審理を目指すもので、平成8年制定の新民事訴訟法（平成10年施行）で取り入れられた。

　ところが、新法施行直後は、第1回期日に、基本的書証の原本を持参する習慣が、弁護士についていないため、証拠調べができないことが、しばしばみられた。この場合には、裁判官は、弁護士に「せっかく書証の写しを訴状に添付しているのに、どうして書証の原本を持ってきていないのですか」と尋ねる。

　ある日、地裁の法廷で、そうした質問が裁判官からされた。これに対して、B弁護士は、「第1回期日に、証拠調べまで進むとは思いませんでした」と答えた。しかし、B弁護士は、その前々週に、同じ部で、別件の第1回期日に書証の原本を持参し、取調べをしてもらっていたのだ。裁判官から、それを指摘されたB弁護士は、「今日は、月曜日なので事務所に立ち寄らず、自宅から裁判所に直行したため、書証の原本を持参できなかったのです」と頭を掻いた。

　ビリー・ジョエルではないが、法廷でも、弁護士には「まず正直であってほしい」。

21 準備書面が出せないわけ

　交通事故の被害者は、気の毒なことに、ケガが治っても後遺症が残ることがある。後遺症は、その程度により、後遺障害等級第１級から第14級までにランクづけされ、それに応じて、労働能力喪失率や慰謝料の額が変わってくる。後遺症の程度によっては、全く働くことができなくなる場合があり、この場合には、労働能力喪失率100パーセントということになる。労働能力喪失率は、被害者の「逸失利益（事故がなければ働くことができて得られたはずの収入）」の額にも大きく影響する。

　逸失利益は、将来にわたって得られる見込みのあるものであるから、定期金賠償の形で請求する場合を除いて、現在の時点で請求するには、中間利息を控除しなければならない。中間利息の控除方法には「ホフマン方式」と「ライプニッツ方式」があったが、現在では、ライプニッツ方式が一般的になっている。いずれにしても、逸失利益を請求する場合、中間利息を控除することは、法律専門家の常識に属するものだ。

❖……準備書面が出てこない

　ある民事交通事件の訴状で、後遺障害等級第９級の認定を受けた被害者が労働能力を35パーセント喪失したとして逸失利益の損害賠償請求をしたが、中間利息を控除していないものがあった。

　そこで、A裁判官は、第１回口頭弁論期日に、B弁護士に対して「訴状で中間利息を控除していない点について主張し直してほしい」

と釈明した。B弁護士は、「次回期日に準備書面を提出して主張します」と約束した。

ところが、第2回口頭弁論期日までに準備書面は出されなかった。B弁護士に事情を尋ねると、「依頼者と打ち合わせができていないので書面を書けませんでした」と弁解した。A裁判官は「依頼者と打ち合わせをしなければならない事項ではないですよ」と告げたところ、B弁護士は「わかりました」と応じた。

しかし、第3回口頭弁論期日でも、準備書面は出てこなかった。B弁護士は、「準備書面の原稿はできたのですが、事務が輻輳していて、タイプが間に合いませんでした」と弁明した。当時は、パソコンではなく、和文タイプの時代であったので、「しようがないから近いところで次回期日を入れましょう」ということになった。

1週間後に入れた第4回口頭弁論期日でも、準備書面は提出されなかった。B弁護士曰く「準備書面は作成できたのですが、自宅に置き忘れてきてしまいました」。

そこに至って、A裁判官は、ハタと気づいた。「B弁護士は、逸失利益を請求する場合に中間利息を控除すべきことがわかっていない。だから、どのように主張し直すのか途方に暮れているのだ」。

そこで、A裁判官は、和解期日に切り替えて、その中で、B弁護士に説明することにした。結局、この事件は、訴訟上の和解で終了した。B弁護士は、裁判官の示した和解案にはすぐ同意し、依頼者を説得するため裁判所に同行した際には、裁判官の面前で叱りつけるなど、それなりの指導性のあるところをアピールしたりした。

❖ なぜ調べなかったのか

このエピソードは、法律専門家であるとされる弁護士の中にも、

基本的な事項の理解を欠く者がいることを教えるものである。それならば、調査すればよさそうなものであるが、そうした気力もスキルもないのかもしれない。このケースでは、幸い和解ができたが、B弁護士が逸失利益について中間利息控除をした損害額で請求しておけば、依頼者は本来余分な提訴手数料を支払わずに済んだのである。

　B弁護士は、準備書面作成で往生しているのであるから、裁判所に頼ることを考えてもよさそうなものである。実際にも、弁論期日の後で、弁護士が、裁判所書記官に「法廷で裁判官に言われた趣旨はどういうことであったのか」と尋ねることは少なくない。B弁護士は、それもしなかった。専門家であるという（しかし根拠のない）プライドゆえなのであろうか。

❖ ………「できる弁護士」「できた弁護士」

　ところで、このエピソードよりも深刻なのは、弁護士に基本的な力がないために、本来勝てる事件に負けてしまうという事態だ。

　もっとも、現在の民事訴訟の審理は、裁判官が正義必勝こそ国民の要請であると考え、勝つべき事件を勝たせようと目を光らせている。やや誇張して言うと、弁護士は、自らのリーガルスキルに難があっても、スジのよい勝てそうな事件を受任しさえすれば、裁判官が主張について釈明したり、証拠の提出を示唆してくれるし、事案がほぼ解明された段階に至れば、和解を勧告してくれ、実質勝訴の和解ができるのである。

　そのような裁判官依存型の審理が現実とすると、弁護士としては「できる弁護士」を目指すか、「できた弁護士」を目指すか迷いが生じる。専門知識を修得し、それを深め、広げ、リーガルスキルを向

上させて、「できる弁護士」になっても、スジのよい事件を受任することがかなわなくては敗訴の憂き目に遭う。むしろ、スジのよい事件を受任するため、その人柄を磨いて、「できた弁護士」と言われるようになった方がよいのではないか。

❖ これからの弁護士は二兎を追うべし

現在進行中の弁護士大幅増員について、弁護士の質の低下を懸念する声がある。これに対して、競争原理が働き優勝劣敗となり、できない弁護士は市場から退場することになるから心配ないという論者がいる。確かに、訴訟とはかかわりのないところ、例えば企業法務でリーガルアドバイスのニーズのある分野で、①良質の助言をする弁護士、②毒にも薬にもならない助言をする弁護士、③聞かなければよかったという助言しかできない弁護士がいるとすると、①の弁護士に相談が集中するであろう。

これは、優勝劣敗の競争原理が働いているわけである。しかし、裁判官依存型の審理を前提にすると、民事訴訟の場面では、競争原理によって弁護士が淘汰されることは期待できない。それならば、正義必勝を後退させて、裁判官が積極的に釈明するスタイルの審理を変えて、自己責任を基調とした当事者自立型の審理に移行していくべきなのであろうか。逆に、弁護士の執務評価に競争原理を浸透させるためだけに、訴訟審理のあり方を変更するのは本末転倒と言うべきなのであろうか。

この難問は別にして、弁護士がリーガルスキルを磨くか、人格を磨くかと問いかけられた場合、答えは択一的と考えるべきではない。両者は、トレードオフの関係にはないのだ。若手の弁護士には、あえて二兎を追うことを勧めたい。

22 領収書と支払いの事実

　売買契約の代金の支払いの有無が争いになるケースは少なくない。支払いの事実を示す最良の証拠は領収書であるが、これがないからといって、支払いの事実がなかったとは言えない。その逆に、領収書が存在しても、実体のない場合もみられる。これを見抜くことが、法律実務家には求められる。

❖ エピソード① **払ったはずの自動車の代金……証明する領収書がない‼**

　Aさんは、ディーラーから展示用自動車を新車価格から値引きしてもらって購入することにした。

　売買契約によれば、代金は契約成立時に手付金を、納車前の中間時に80万円を支払い、自動車と引換え時に50万円を支払うものとされていたので、Aさんはそのとおりディーラーの営業担当者Bに支払った。Aさんは、残金の支払いをしてその自動車で帰宅した。自動車引渡しの2日後に、Bはナンバープレートの交換にやってきて、Aさんの勤務先に完了した旨の電話連絡をした。

　Aさんは、新しいマイカーライフを楽しんでいたが、半年後、ディーラーの経理部門から、「納車時に50万円が支払われた記録がない。ついては、50万円を支払ってほしい」という連絡を受けた。

　寝耳に水のAさんは、慌てて領収書を探したが、手付金と80万円の領収書は出てきたが、50万円の領収書がみつからない。Aさんは、50万円の領収書を受領したはずだが、整理が悪くて紛失したの

かと、あちこち探したが発見できない。一方、ディーラーは「領収書がないのは、支払いがなかったからだ」と言い募る。

しかし、Aさんとしては50万円を支払った記憶ははっきりしている。ただ、自動車を引き取って帰るうれしさに頭が一杯で、領収書を受け取っていないかもしれないと気づいた。これに対してディーラーは、「50万円の支払いをしなければ、自動車を引き揚げる」と居丈高に通告してきた。

Aさんは、釈然としない。そもそも、ディーラーの担当者Bに50万円を支払ったからこそ、自動車の引渡しがされたのである。

その2日後のナンバープレート交換の折にも、代金支払いが残っていると言われたり、残金を催促されたことはなかった。さらに、50万円未払いであれば、それ以降、Bが黙っているはずがないではないか。

そう反論しても、ディーラー側は強硬姿勢を崩さない。そこで、Aさんは、C弁護士に相談した。

C弁護士は、Aさんの話を聴き、持参した50万円の出所である預金通帳のコピーを確認して言った。

「支払いの事実を示すベストの証拠が領収書ですが、それがなくとも、金銭の出所が明確であり、ほかに使っていない状況があれば、十分闘えます。

しかも、ディーラーが自動車を引き渡している事実、その後50万円を請求していない事実は、当時支払いがあったことを推認させる重要な間接事実です。

私の推測では、BはAさんが50万円の領収書を求めなかったことをよいことに、これを着服した可能性が高いと思います。ディーラー自身の対応も奇妙ですし、記憶の薄れた6カ月後に通知してき

たということを考えると、会社ぐるみで二重請求を企んでいる可能性もあります。気の弱い人だと、領収書がないから仕方がないとあきらめて、二重払いをするかもしれませんからね」

C弁護士は、Aさんからの依頼を受けて、ディーラーとの交渉に当たっている。

❖ ……… エピソード② **書類偽装、商品の横流しに恐喝、胡散臭い取引**

DはE社からカーナビ30台を1400万円余りで購入し、代金全額を払ったという。人気商品で品薄であったので、E社の販売担当者Fが便宜を図るという変則的な売買であった。

しかし、カーナビは2台しか納入されなかったので、Dは売買契約を解除して、E社に対し残代金の返還請求を求めた。

この売買契約の代金の領収書はFにより作成され、E社に交付されている。しかし、E社は、その実体はなく、代金は支払われていなかったと争った。

通常の社会人が金銭の領収書を作成した場合は、特段の事情がない限り、その記載どおりの金銭が授受されたと認めてよいであろう。しかし、Fは、証人尋問で、Dに「脅されて領収書を書かされた」と証言した。実は、Fは以前、会社に内緒でカーナビをDに横流ししたことがあり、それを会社にばらすと脅されていたと言うのだ。

その可能性はありそうだ。

一方、Dがカーナビ代金を引換えでなく前払いすることはあまり合理性がないが、Dは、商品が品薄であったからと説明した。

しかし、何の保障もなく前払いするだろうか。

さらに、Dの代金の調達方法はといえば、友人に借りた分と自宅のタンス預金だと言う。これでは、金銭の動きがあったことを客観的に認めることは難しい。

　そのような検討の末、このケースでは、領収書はあるものの、代金支払いの実体はないと判断され、Dの請求は棄却された（東京地判平成12年9月27日判タ1054号209頁）。

　エピソード①、②は、領収書がないからといって、代金支払いがされていないとは言えないし、領収書が作成されていても、その実体を欠くことがあることを教えるものだ。

　だから、依頼者が「領収書があります」と言って持ってきた場合でも、弁護士は、その実体があるかどうか十分吟味しなければならない。

エピソード③　駆け込み提出された領収書 本物かどうかわからない

　G弁護士は、H氏の訴訟事件を受任したが、それはIの複数の債務を債権者に代位弁済したので求償権を行使するというものだった。被告となったIは、その一部は代位弁済されていないと争った。

　確かに、その部分の領収書がそろっていない。G弁護士が「領収書があるはずだから、探して証拠として出しましょう」とH氏に助言しても、なかなか出してこない。

　ところが、H氏は訴訟終了の直前に「現物はなかったけれどもコピーがありました」と領収書の写しを持参した。

　あれほど探すように言ってきたものが、この時期唐突に、しかも本物ではなく、コピーが出てきたのである。G弁護士は、怪しん

だ。苦し紛れに、H氏が作ったものではあるまいか。

　結局、G弁護士は、これを証拠として提出することを断念して、H氏に告げた。

「これは領収できません」。

23 証拠提出された「不倫の手紙」

　弁護士と依頼者との間には、信頼・協働関係が形成されることが理想である。その上で、弁護士は依頼者の利益を最大限に擁護すべきであるが、現実には、事はそう簡単ではない。

　第1に、依頼者の言い分に客観的な裏づけがない場合がある。この場合には、弁護士は、依頼者が作り話をしているとみるか、裏づけのない言い分に基づいて調査に着手するか、いずれかの選択をする。

　第2に、依頼者が持参した言い分を裏づける書類が信用できない場合もある。証拠として提出すると、相手方から反対証拠を出されて恥をかくことになるかもしれない。そうでなくても、司法の担い手である弁護士としては、虚偽の疑いのあるものを証拠提出すべきではない。

　第3に、依頼者が決定的な重要証拠であるとして持参した書類を、どのように入手したのか吟味しないと、重大な問題を引き起こすこともある。

　今回は、この第3のエピソードを紹介したい。

❖ ……… エピソード　**職場の遺品はすべて妻の元へ戻されたはずが……**

　A氏は、X法人の常務理事であったが、在職中に職場で急死した。妻のBは、弔問の返礼に事務所を訪れ、上司・部下に挨拶し、Aが職場に置いていた私物の遺品を引き取って帰った。その後、X

法人の実質的なオーナーである代表理事Cから、残りの私物が見つかったとして若干のものが返された。Bは、これで遺品はすべて手元に戻されたと考えていた。

X法人の事務所建物はAの所有地を借地して建っていた。しかし、A死亡後、地代値上げ交渉に端を発して関係がこじれ、ついには建物収去土地明渡請求訴訟に発展した。これに対して、X法人は、Aが法人在職中、事務経費を横領していたと主張して、相続した妻Bに対し、損害賠償請求を提起して争った。

X法人の訴訟代理人である弁護士Yは、この紛争の解決としては、損害賠償請求を放棄するか取り下げた上で、地代の値上げを呑んで、B側に建物収去土地明渡請求を取り下げてもらい、X法人が引き続きこの土地を利用するのがベストだと考えた。それには、しかるべきタイミングで訴訟上の和解をする必要がある。

しかし、代表理事Cは、Aの横領があったと言い募るばかりだ。損害賠償請求が認容される可能性はどの程度あるか。X法人の経理は税理士がみており、大まかなチェックはされている。確かにX法人では、経理操作をして自由に使える裏金を捻出していたようにみえるが、Aだけが私腹を肥やしていたのか、Cも関与していたのかは、何とも言えない。Aは、Cの指示で動いていただけかもしれない。裁判所からは「死人に口なし」をよいことに、Cが無理な主張をしているとみられる余地は十分ある。

弁護士Yは、Cにそう説明したが、Cは不満気である。Yは、時間をかけて、Cに落としどころを説得するほかないと考えた。しかし、現在の民事訴訟の進行ペースは速い。二つの訴訟は、併合して審理されることになり、第1回口頭弁論期日の後、弁論準備手続に付された。

ある弁論準備期日で、X法人側より、さる女性からAに宛てた手紙が証拠として提出された。立証趣旨は、「Aは不倫をしていて、費用を捻出するために業務上横領をするという動機があった」というものであった。手紙の内容からは、不倫を疑うことはできたが、その事実が業務上横領を推認させるかという話になると疑問符が付く。

　弁護士Yは、この手紙の証拠提出を、二つの理由で躊躇した。

　一つは、Bの感情を逆撫でし、最終的な狙いである和解のためには有害ではないかという懸念である。もう一つは、手紙の入手経路である。というのは、「明らかに窃盗などの犯罪に当たる行為を用いて取得した証拠」は、違法収集証拠と評価され、証拠としては使えないものだからである。

　Yが尋ねると、Cは「この手紙は職場に残されていたものです。Aの妻Bは、職場の遺品を引き取っていますから、残りは所有権放棄がされていると思います」と言う。Yは、そうであれば、B側を牽制する意味しかないが、その程度のものとして、手紙を証拠提出してもよいかもしれないと考え、それ以上詰めなかった。

　この手紙が、弁論準備期日に証拠として提出されるや、同席していたBは激昂した。普段は物静かな雰囲気のBが、全身全霊をあげて非を訴える姿に、関係者は驚いた。裁判官がなだめ落ち着かせて、Bに話をさせた。

　Bは「どうしてこのようなものが訴訟に出されるのか。故人に対する冒涜だ。自分は、Aの職場から遺品を持ち帰り、その後に、CからAの私物若干を返され、全部戻ってきたものと信じていた。こうしたことが許されるのか」とCやYを詰った。

　Bの訴訟代理人の弁護士も、事情を直ちに理解し、Yに抗議し

た。「故人の信書というセンシティブ情報の最たるものが、こうした形でX側の証拠として使われることは倫理にもとる。この手紙は遺品だから、その所有権は疑問の余地なくAの遺族であるBにある。なぜ返さずに、手元に置いていたのか。直ちに返還を求める」。

　Yは内心「しまった」と思いつつ、「本件の経過からして、Bは、この手紙の所有権を放棄したものである。無主物を証拠として出すことに何の問題もない」と、Cの言い分と同じ弁解に終始した。

❖……その顛末は……

　裁判官は、当事者双方の激しいやり取りの後、次のとおり述べて、紛糾した事態を収拾した。

　第1に、手紙は所有権放棄されたものというCの言い分は通らない。事実経過からして、「Bが、Aが職場に置いてあった遺品の所在がわからず、一部残したのをよいことにしてCが返さず、手元に置き続け、証拠として使用してもらうため、Y弁護士に提供したもの」とみるべきだ。

　第2に、Yは、この手紙の入手経路と証拠使用することの正当性について、慎重に吟味する必要があった。Cの不合理な言い分を真に受け、心得違いを諭すこともなく、証拠提出したのは、弁護士の対応として物足りない。

　第3に、「この手紙の証拠申請を撤回されたい」。

　裁判官は、このように述べた上で、Yに対し、この手紙ほかの遺品について、CからBに返却するよう説得してほしいと要請した。

　Yは承知したが、Cは案に相違して返却を遅らせ、そのため、Yの構想した落ち着きのよい解決は夢と消えた。

24　後味のよい審理

　裁判官として審理していて気持ちのよい事件がある。

　原告・被告双方の訴訟代理人である弁護士がフェアに、智慧の限りを尽くして、証拠に基づく主張と反論を展開するようなケースがそうだ。双方の弁護士が的確な見通しを持っていて、本筋にかかわりないつまらない箇所で主張の揚げ足を取ったり、一蹴されてしまうような反論をしない。証拠に隙間のある部分も強弁することなく、なぜ客観的証拠が存在しないのかを説得的に語る。

　そうしたケースでは、難しい事実認定をしなければならかったり、前例のない規範を定立しなくてはならないことが多い。しかし、裁判官は決して消耗することがない。むしろ、法律実務家としての自分を豊かにしてくれるよい経験をしたと受け止めるのである。

　ある海難審判裁決取消請求事件で、そんな気分を味わったことがある。

❖ ……… 海技士の公法上の責任をめぐる裁判

　平成20年5月30日零時34分に、瀬戸内海の小豆島の近くの海上で、4428トンの貨物船と4.9トンの漁船が衝突した。この事故により、漁船は転覆し、船長Aが溺死した。そこで、事故当時貨物船を操船していた航海士Bの責任が問題となった。

　航海士の責任にも、民事法上の責任、刑事法上の責任、公法上の責任などさまざまなものがある。公法上の責任とは、海技免許を

持っている航海士に対して懲戒処分がされることだ。これを決める手続が、海難審判である。

海難審判制度は、職務上の故意または過失により海難を発生させた海技士等を懲戒し、海難の発生防止に寄与する行政審判制度である。この制度が平成20年10月に改正され、海難事故のうち、海技士に対する懲戒に関しては、海難審判所が行い、事故原因の究明に関しては、国土交通省運輸安全委員会が行うことになった。

甲地方海難審判所は、平成21年6月、Bにつき、3級海技士（航海）の業務を1カ月停止する旨の裁決を言い渡した。また、これとは別に、Bは、業務上過失往来危険、業務上過失致死罪に問われ、40万円の罰金を命じられた。

Bは、こうした中、業務停止1カ月という処分が不当であるから取り消してほしいという行政訴訟を提起したのである。

このケースでは、貨物船と漁船に、衝突回避の航法として横切り船航法（海上衝突予防法15条1項）の適用があるのかどうかが争点となった。そもそも、海上の船舶通航は右側通航が原則なので、「2隻の動力船が互いに進路を横切る場合において、衝突するおそれがあるとき」は、他の動力船を右舷側にみる動力船が、他の動力船の進路を避けなければならないのである。

海難審判所は、横切り船航法は適用されないと判断した。それは、貨物船と漁船の位置関係が、証拠からして「2隻の動力船が互いに進路を横切る場合において、衝突するおそれがあるとき」に当たらないという事実認定を前提としたものであった。横切り船航法が適用されないとすると、「両船が無難に航過し終えるまでその針路及び速度を保持して進行することにより、新たな衝突のおそれを生じさせないよう注意すること」が必要になる。これは、海上衝突

予防法38条、39条によって定められている「船員の常務」である。

そうすると、Bに対する1カ月の業務停止裁決の相当性を判定するには、貨物船と漁船の衝突までの航跡と位置関係を証拠に照らして認定することが必要不可欠である。衝突までの航跡と位置関係を認定するためには、関係のデータを正確に押さえることが要請される。その資料として、本件裁決の基礎とした資料、略式起訴された事件の捜査資料、国土交通省運輸安全委員会の本件船舶事故調査報告書などが提出されていた。

また、貨物船と漁船との航行状況について、海図上でのシミュレーションを当事者から説明してもらうことが、裁判官の理解には有用である。そのような形で、両方から説明を聴けば、手に取るように、言い分の違いがわかる。

このケースでも、進行協議期日の中で、大きな海図を用意してもらって説明会を開いた。その予習として、先例を調べてみたが、①海上自衛隊潜水艦と遊漁船の衝突事故（死者30人、負傷者17人）について、2船の衝突事故に第三船が見合関係に入った場合でも、航法の適用は2船間の関係に還元して考察すべきであるとして、横切り船航法の適用を認め、潜水艦艦長の不当運航に、より大きな原因があるが、遊漁船船長にも衝突を回避すべき注意義務を怠った過失があるとして、同船長を業務停止1カ月の処分とした高等海難審判庁の裁決を適法とした事例（東京高判平成6年2月28日判時1490号30頁）、②明石海峡航路北側の航路外で西に向かう甲船と東に向かう乙船が衝突した事故（負傷者2人）について、海技士である甲船の船長を戒告とした高等海難審判庁の裁決を適法とした事例（最判平成22年11月30日判時2102号3頁）などがあった。

❖ ……「海の男は嘘をつかない」

　説明会においては、双方とも、関係者による供述調書の内容を信用した説明がされた。ほかの事故型訴訟では、供述の正確性が争われることが多いのと対照的だ。その点を指摘すると、「海の男は嘘をつきません」との答えが返ってきて、蒙を啓かれる思いをした。

　また、海難審判所側の説明に対して、原告代理人の一人がタイミングよく不整合な点を反論した。事案を十分咀嚼し、相手方の内在的論理に則った上での批判であったので、説得的なものと感じられた。その代理人は、80歳前後のベテラン弁護士であったが、貫禄があり、しかも、気迫の込もった物言いが見事であったことが印象に残った。法律実務家として、このように歳をとりたいものだと思った。

　審理は順調に進み、判決に至った。判決は、貨物船と漁船との位置関係から横切り船航法の適用を認め、貨物船の航海士Ｂの見張り義務違反の過失と漁船船長の避航措置を講じなかった過失の大きさとを比較し、Ｂに対する業務停止１カ月の裁決は重すぎるとして、これを取り消した（東京高判平成23年2月23日判時2114号31頁）。

　結論が裁決取消であるのにもかかわらず、海難審判所側は上訴せず、この判決は確定した。結末までも気持ちのよい、海難審判裁決取消請求事件であった。

25 司法書士の犯罪

　法律専門職が、持てる専門知識や資格を利用して悪事に加担することが稀にみられる。法律知識を悪用すれば、不正な利益を得ることは難しくない。しかし、弁護士にしても、司法書士にしても、高度の専門知識を世のため人のために使い、感謝されつつ、生業とする。皆そのつもりで、困難な試験をクリアし資格を取得したのではないか。また悪事に手を染めなくても、普通は水準以上の生活を維持できるはずだ。

　それなのに、どうして法律専門職が犯罪にコミットする事件が起きるのか。司法書士のケースで、これを具体的にみてみよう。

❖ 法律専門職に囁く悪魔の声

　司法書士は、登記申請代理を中心的な業務とするが、平成15年の司法書士法改正により「頼れる身近な法律家」として、一定の能力が担保された者に簡裁訴訟代理権が付与された。国民は、司法書士の働きぶりに注目している。

　そうした時期に、大阪の司法書士が私文書偽造等により、不動産登記法違反被告事件として起訴され、実刑判決を受けた事件があった。これは、関係者のみならず、広く社会に衝撃を与えた。

　起訴事実は、共犯者Aがその実父Bの認知症につけ込んでB名義の土地を勝手に売却処分しようとした際、司法書士Xが、Aの依頼によりこれに加担し、その土地の登記を移転するのに必要なB名義の委任状や登記原因証明情報を偽造するとともに、Bに関する虚偽

の本人確認情報を作成し、それらの書類を登記官に提出して虚偽の情報提供をしたというものだ。

共犯者のAは、ドラ息子で、認知症になった父親名義の不動産（時価1億円相当）を売って、わが物にしようと企んだのが発端である。そのためには、不動産登記を買主に移転しなければならないが、自分ではできないので、これを司法書士Xに依頼した。

Xは昭和25年生まれで、前科前歴はもちろんなく、妻と子ども二人がいて、30年以上の司法書士歴がある。Xは認知症のBの入院先にも行き、意思確認をしようと試みた。2回訪問したものの、意思確認しようにもBは寝たきりの認知症であるから、はかばかしい反応はない。当然のことながら、Xは、「これではとても駄目だ」とわかった。この段階で、Xは、Aに対して、依頼を断っているが、Aはなかなかあきらめない。

それと並行して、Aは、不動産仲介業者Cに「この土地を売ってくれ」と依頼している。このCをAに紹介したのもXであった。ともあれ、B所有の土地の売却話がどんどん進んでいった。

Aには姉妹がいたので、Xは、Aに対して、「推定相続人である姉妹の承諾を取ることができるならば、登記申請代理をしてもいい」と説明したこともあった。Bのように認知症で意思能力に問題がある場合には、成年後見の申立てをして、後見人を付けて法律行為を行うのが本来だが、推定相続人の承諾があれば、後で問題にされることはないから、そのような便法でも悪くはない。しかし、Aは自分のポケットに金を入れようと企んでいるのであるから、Aが姉妹の同意を取ろうとするはずもない。

Xは、Aの再三にわたる懇請に対して、何度も逡巡して「嫌だ」とか「やめる」と言っていたが、Cから「あなたに言われて買

い手を探し、みつかった」と告げられて、何とかしなければならないと焦り始めた。そして、乗りかかった船だと腹を括り、ついにこの犯罪に手を染めたのだ。その手口は、Bの印鑑登録証明書を取得するため住民票を勝手に異動させたり、土地売却の前提として地目変更登記を行うため土地家屋調査士に委任する旨の委任状を偽造したほか、登記原因証明情報や、本人の意思確認の書面を偽造するという司法書士としての専門知識を生かしたものであった。

不動産登記の移転が発覚後、予想されたとおりAの姉妹が警察に相談に行き、告訴をし、警察が捜査を始めた。まさか司法書士が共犯なのかと驚かれたが、粛々と捜査が進められ、Xも逮捕、起訴されることになった。この犯罪はドラ息子を持った親が被害者で、縁もゆかりもない者に対する財産犯とは違うが、Xとは親族関係はない。Xに対する求刑は懲役1年6カ月で、大阪地裁の判決は1年2カ月の実刑であった（大阪地判平成17年12月21日判例秘書）。

Xが、この犯罪に関与することで得たものは何か。それは、登記手数料10万円に加えて、Aからの謝礼150万円である。Xは、不正な1億円の不動産の売買登記に加担して160万円を得たにすぎないのだ。

Xは、「実刑にされてはかなわない、何とか執行猶予にしてもらえないか」と、160万円を贖罪寄付した上で控訴した。このように利益も全部吐き出して反省を示したのだが、高裁判決は控訴棄却であった（大阪高判平成18年5月30日）。懲役1年2カ月の実刑判決が確定したのだ。

Xは、AがBの土地を勝手に処分したら、姉妹からクレームがつくことは容易に予想されるのに、なぜ、犯罪に加担したのか。Xは取調べに対して「150万円の謝礼は抑え難い魅力があった」「表沙汰

にならなければ問題ないと考えた」と答えた。結局、我欲を抑えられず世間を甘くみていたということか。

❖ 権限に甘えぬ専門家意識を

法律専門職である司法書士には権限がある。司法書士は、その権限を悪用すれば、いくらでも悪事が可能だ。また司法書士の持っている権限を使って不当な利益を得よう、司法書士を利用してやろうという不心得者も存在する。

特に、平成16年に不動産登記法が改正され、登記名義人の本人確認について、司法書士に一定の公証機能が付与された。これは画期的な手続改正であると言われた。

大阪地裁の判決では「被告人はこの制度施行後わずか2カ月余りで早くもこの制度を悪用し、共犯者と自己の不法な利益獲得手段としてこれを用いるに至ったのである。このような被告人の行為は、これまで多くの司法書士が長年にわたり積み重ねてきた地道な努力に対する冒瀆(ぼうとく)であるだけでなく、新制度が前提とする司法書士への社会の信頼を大きく損なわせ、ひいては司法書士に対する社会的信頼を基盤として設計された新しい本人確認制度の妥当性・合理性そのものを突き崩しかねない可能性もある」と厳しく指摘された。

Xは、これを噛(か)みしめるべきであるし、多くの司法書士も、この事件を他山の石とすべきであろう。

ユニット 3

個別事件からみる法と社会

26 社長の悩み、父親の逡巡

　直近の月例経済報告には、景気回復と企業収益の改善が謳われている。個人消費は持ち直し、雇用も改善しているという。しかし、中小企業経営の現実は厳しい。経営の行き詰まりは、同時に経営者家族を困難な事態に追い込む。取引のあった会社、関係者も例外ではない。

❖ 父親の生命保険金が狙われ、損害賠償を求められた息子

　スポーツ用品を小売店に卸す元売りの会社が、事業に行き詰まった。不幸なことにオーナーの社長が自殺をして、結局、会社は倒産した。この社長は、苦労して自分で事業を興し、好調な時期には何億もの年商を上げていた。しかし、浮き沈みは世の常、大口取引先に対する債権焦げ付きなどを契機にして債務超過に陥り、手形決済ができなくなった。

　社長死亡後、商品売買の仲介をしたり、商社金融の形で助力していたある商社が、その社長の息子に対して、取締役の第三者に対する責任（旧商法266条の3、現行会社法429条）に基づき、損害賠償請求訴訟を提起した。会社は破産手続に入っており、社長のめぼしい財産は個人保証をしていたから、息子の資力には問題がありそうである。しかし、実は、この息子は、社長の自殺による生命保険金1億円の受取人になっていた。商社としては、そのお金を債権者に対する返済原資に充てるべきではないかと考えて、提訴したのであ

る。

　社長の息子の責任原因としては、その会社の取締役の登記がされており、取締役であるのにもかかわらず、放漫経営を放置したために、倒産の結果を生じさせたという構成である。関係法令によれば、そのような法的構成で取締役としての責任を問うことは理論的には可能である。これに対して、被告である息子は、そもそも別の会社に就職しており、父親の会社にもほとんど顔を出したことはなく、取締役登記がされていることについても、会社が倒産必至の状態になるまで全く知らなかったという弁明をした。争点は、その点についての事実の解明にあった。

　景気の低迷期には、倒産する企業は珍しくなく、その意味では、この訴訟も、数多くある倒産関連の事件の一つである。社長が自殺までしているのに、商社は、その生命保険金まで狙って、自分の債権回収を図るのかという嫌味を感ずる人もないわけではないであろう。しかし、昨今の経済情勢下では、商社の側も背に腹は代えられず、甘いことを言ってはいられない。回収できる可能性のあるものは、回収のためのアクションを起こすのは、法的にも経済的にも合理的な選択である。

❖ ……… 息子はなぜ、取締役として登記されていたのか

　このケースでは、取締役登記のされていた息子と会社とのかかわりの有無について明らかにする必要があった。

　裁判官は、息子の弁明が事実かどうか解明するため、まず会社の給与台帳を取り寄せてみた。給与台帳は、会社の破産に伴い、破産管財人が保管していたので、裁判所から破産管財人に送付嘱託をして、それを提出してもらった。こうした中小企業は同族会社である

から、会社に勤めていない社長の母や妻など家族にも給料を出していることが世上みられないでもない。そうしたことが、このケースでも、あるいはみられるかもしれないという予測もあった。しかし、給与台帳をみると、その息子には金銭は何も払われていない。勤務した実績もないし、給与も役員報酬も支給されたことはないことが判明した。

次に、社長がかけていた生命保険は保険金が1億円で、月々の保険料額も少なくない。そこで、会社の経費から生命保険の保険料を支出していたのではないかという疑問が出された。会社経理の公私混同のみられるオーナー企業もないわけではないからである。これを調べるには保険会社に調査嘱託するか、息子側に関係資料を提出してもらうか、二つの選択肢がある。この点は、息子側から疑惑に対する潔白を証明してもらう趣旨で、自発的に関係資料を出してもらった。その結果、保険料は、社長の個人名義の預金から引落しになっていて、個人で負担していたことが明らかになった。

これらの事実から、息子は名目的な取締役であると評価する方向に傾きそうである。しかし、裁判官は、駄目押しで息子の本人尋問をしてみた。その結果、「自殺した父親は、この会社の創業者であり、好調時もあったが、永続的にうまくやれるかどうか不安を持っていた。息子に会社を継いでほしいが、息子に経営の才があるか一方では危惧しており、資金繰りの苦労をさせなければならないのはかわいそうだという両義的な気持ちを持っていた」という事情が浮き彫りにされた。

そして、従前は、母親が取締役であり実際に片腕として会社の経理をみていたのであるが、2年前に亡くなり、その後に息子を登記したという事情もあった。要するに、父親としては、妻が亡くなり

気弱になった時期に、先に述べたような気持ちで息子を取締役として登記をしたもので、息子にはその時点で、きちんとした話をせず、勝手に登記してしまったというのが、真相であると推認された。

❖ ……… 社長である父親の思いを考えた関係者たち

この段階で、裁判所は、明らかになった事実を踏まえて、訴えの取下げを原告側に勧告した。原告訴訟代理人と商社の法務部担当者も了解し、訴訟外で被告側から提訴手数料（貼用印紙代）の補塡(てん)を受ける約束をして訴えを取り下げ、このケースは終了した。

民事訴訟は、社会経済情勢を色濃く反映するものであるが、個々の事件はそれぞれの顔を持っている。

中小企業は、業績が好調のときも、不調のときもあるが、このケースでは最悪の時期に社長が自殺してしまった。その過程で、後に息子が債権者から責任を追及される原因になるような取締役登記をしてしまった。息子に会社を継いでほしいけれども、会社がうまくいく見込みがあるか、息子がかわいそうではないか……。この社長の息子に対する思いをどのように受け止めるべきであろうか。

このケースに関与した商社の法務部担当者、双方の訴訟代理人、裁判官も、それぞれ、しばし自らの問題として考えたはずである。

27 新居の地盤沈下と仲介業者の説明責任

　サラリーマンにとって住宅の購入は一生のうちで最も高価な買い物である。Aさんは、家族が和気藹々と楽しく暮らせる、一戸建てマイホームを夢みて、爪に火をともして貯蓄に励み、清水の舞台から飛び降りる決意でローンを組み、何とか売買代金を工面した。今度の家には子ども一人一人に部屋がある。

❖ ……… やっとの思いで手に入れたマイホームの地盤が沈下

　一家は大喜びで新居に引っ越し、めでたし、めでたしであったはずなのだが、何だか様子がおかしい。床揺れ、床鳴りがするので変だと思っていたら、床が変形し始め、階段下との間に隙間ができたり、床に高低差ができてしまった。そのうちに、建物の外壁に亀裂が走り、ドアの開閉ができなくなり、サッシの開閉が困難になった。さらに、駐車スペースのコンクリートの床面に亀裂が走り、外壁に固定したガスメーターが外れてしまった。1年も経たないうちに、とても住めないような、酷い状態になってしまい、転居せざるを得なくなった。

　この建物は、地元の不動産業者がミニ宅地開発をして、分譲したものである。分譲業者は小規模であるが、仲介は大手の不動産仲介業者が行った。近隣の家も、大なり小なり同じような状況だ。調べてみると、このあたりは、昔の沢に当たる地形で、地盤が弱いようだ。そうした軟弱地盤の土地の上に、建売業者が建物を建てて売りに出し、購入した家族が住み始めたら、どんどん地盤が不等沈下し

ていったのである。

こういうケースでは、売主である建売業者には、もちろん瑕疵担保責任があるから、売買契約を解除して、損害賠償を請求することができる。Aさんもそうしたのだが、売主は、ミニ開発の不動産を手がける零細業者で、すぐにでも倒産してしまいそうな気配である。そうなると、購入者は救済されない。そこで、何とか大手の不動産仲介業者の民事責任を追及することができないかと考えたAさんは、近隣の人と話し合って、不動産仲介業者に対し、説明義務違反を理由として、不法行為に基づく損害賠償請求訴訟を提起することにした。

❖ 不動産仲介業者はどのように重要事項を説明したか

このような場合、不動産仲介業者が、この物件の重要事項説明において、土地の性質・性状をどのように説明したか問題になる。Aさんのケースでは、重要事項説明書の中に「近隣には軟弱地盤がありますが、本件物件にはベタ基礎で対応してあります」という記載がされていた。したがって、軟弱地盤であることについて一応は説明をしているとも言えそうである。また、ベタ基礎とは、土台の下だけでなく、建物底部の全面にコンクリートを打つ基礎構造であり、一般的な方法よりも丈夫とされている。

思い起こすと、現地を案内されたときに、Aさんは「近隣に軟弱地盤があるということだけれども、大丈夫ですか」と尋ねた記憶がある。それに対して、案内した仲介業者の担当者は「心配には及びませんよ。ベタ基礎工事がされていますから、よもや建物が傾斜するようなことはありません」と言っていた。しかし、民事訴訟が起こされると、仲介業者は、そのようなことは言っていないとして、

水掛け論に持ち込もうとした。

このような事実関係を前提として、本件物件のリスクが重要事項として告知されていたといえるかどうか。

重要説明事項書にある「本件物件にはベタ基礎で対応してあります」という記載の意味は、購入を検討している顧客が、これを読めば、通常は、「ベタ基礎で対応してあるのだから、軟弱地盤であっても大丈夫」と受け止めるであろう。仲介業者は「ベタ基礎で対応してあるけれど、それは建売業者の責任なので、業者の信用性をきちんと自己責任で判断して、買うかどうか決めてくださいという意味しかない」と主張した。

しかし、それは通らない理屈であろう。ただ、不動産仲介業者に、常に不動産の品質保証責任を負わせるわけにはいかない。そうすると、この案件では「仲介業者の説明義務違反によって発生した損害を、どこまでカバーさせるべきか」という問題を解くことが必要になる。仲介業者が、不動産について「100パーセント保証します」ということは、建物を建築した会社と販売を仲介した会社が親会社・子会社の関係にあるといった特別な場合でなければあり得ない。また、不動産仲介手数料は、そこまでをカバーする対価としては考えられていないであろう。

❖ 消費者との情報のギャップを埋める説明こそ業者の義務

裁判官は考えた。仲介業者が、仲介物件の安全性につき、大丈夫であると保証するかのような言い方をすれば、顧客はこれを信用する。ましてや、この仲介業者は、誰もが知っている大手の不動産販売会社である。ちなみに、消費者契約法の精神は、消費者に誤解を

与えるような断定的な判断の提供をしてはいけないというものである。情報量が非対称であり、圧倒的な情報格差がある消費者と事業者の関係からして、事業者は、その情報ギャップを埋めるような説明をすべきである。

このケースは、消費者契約法が施行される前の案件であるが、その精神は、売買契約の仲介においても生かされるべきであろう。これは、契約にかかわる当事者の信義則から基礎づけられる。そうすると、売買契約締結において、情報の格差が顕著な事業者と消費者との間では、対等とはいえないから、仲介業者においてギャップを埋めるような情報を提供することが、説明義務の一つの内容になるとみてよいであろう。

したがって、不動産仲介業者には、その土地が軟弱地盤なのか、その土地ではなく近隣が軟弱地盤なのかという正確な情報の提供が求められるが、それは曖昧にされていた。ましてや、安易に「建物が傾斜する心配はありません」と言うのは、不正確かつ無責任な判断の提供である。仲介業者の担当者は「そのようなことを言ってはいない」と証言するが、顧客から安全性を尋ねられて、「私どもには何とも言えません。よくお調べになって自己責任でお買い求めください」とは答えないであろう。

そこで、裁判官は、土地付建売住宅の売買契約において、地盤沈下が発生し建物の居住に困難をもたらす不具合が生じた場合、顧客に軟弱地盤の土地であることを説明・告知しなかった仲介業者には、説明義務違反による不法行為責任がある判断として、仲介業者に売買代金の10パーセントに相当する損害賠償の支払いを命じる判決を言い渡した（東京地判平成13年6月2日判時1779号44頁、判タ1095号158頁）。仲介業者は控訴したが、棄却された。

28 不動産関係融資における金融機関の説明責任

　不動産取引に関して融資する金融機関の担当者は、顧客に対してどのように説明していくことが求められるか。このような金融機関の担当者の説明のあり方が問題とされる事案が、裁判所に持ち込まれることが増えてきている。

❖……金融機関の説明義務違反が否定されるのは

　そもそも、銀行など金融機関が債権回収のために民事訴訟を利用することは、バブル経済崩壊前は多くはなかったし、敗訴することも少なかったという印象があった。しかし、現在では大きく様変わりしてきている。金融機関が苦戦するケースの多くは、説明義務違反が争点となったものである。

　もちろん、担当者の説明義務違反が否定され、金融機関側の対応に格別の問題はなかったとされる例もある。例えば、①所有権につき係争中であった土地の購入資金の融資に当たり、銀行担当者が訴訟の見通しにつき楽観論を述べたが、買主が不動産取引の経験豊かな業者でありリスクを承知で取引したとされた事例（東京地判平成11年1月28日判時1693号92頁）は、それである。

　また、最高裁でも、②信用金庫担当者が顧客に対して融資を受けて宅地を購入するよう積極的に勧誘した結果、顧客が接道要件を具備していない宅地を購入した場合において、担当者がその旨の説明をしていなくても、信義則上、担当者の顧客に対する説明義務を是認する根拠となり得るような特段の事情がないときには、不法行為

は成立しないと判断されたケース（最二判平成15年11月7日判タ1140号82頁）がある。

およそ取引にはリスクが伴うものであり、不動産取引も同様である。対価が高額であることから、融資額も大きなものになり、借主は返済計画を具体的に実行していくことができるかを慎重に検討することが必要となる。返済計画がスムーズに運ばなくなるおそれのある事情、例えば、対象不動産についての民事訴訟の見通し（①）、対象不動産の属性＝接道要件不具備（②）については、原則として、借主がリスクを負うことになる。

❖ 金融機関の説明義務違反が肯定されるのは

これに対して、金融機関担当者の説明義務違反を肯定した事例もいくつか登場している。

例えば、③相続税対策用の賃貸用マンション購入資金の融資に当たり、銀行支店長がそのマンションに補修不能な雨漏りがあることを認識しながら告知しなかった事例（東京地判平成10年5月13日金判1046号5頁）、④相続税対策用の賃貸用不動産購入資金の融資に当たり、銀行担当者が実際よりも相当低い借入金利を想定して不動産の収益で借入金の返済が可能であるとする説明をしたが、返済不能に陥った事例（東京地判平成13年2月7日判時1845号58頁）、⑤相続税対策用の不動産購入資金の融資に当たり、これを勧めた銀行担当者が税制改正により借主が不動産取得後3年以内に死亡すると相続税対策としての効果がないことを説明しなかった事例（東京高判平成17年3月31日判タ1186号97頁）などが、このグループに属する。

返済計画に関連するリスクは、対象不動産の補修の難易（③）、借入金利（④）、不動産取得関連税制（⑤）であるが、④の借入金

利は融資契約の内容そのものであるから、これを間違えた説明は論外であろう。

考えなければならないのは、提案型融資に関するケースである。銀行担当者は、提案型融資について、それなりに配慮した説明をすることが求められる。この点については、銀行融資と建物建築とが一体となった計画を提案し、勧誘する形態のビジネスにおいて、建築会社の担当者および銀行の担当者の顧客に対する説明義務の内容・範囲と説明義務違反の有無が争点となった、最高裁判例（最判平成18年6月12日判夕1218号215頁）が注目を集めている。

このケースでは、顧客から建築会社と銀行に対して損害賠償請求がされた。建築会社の担当者は、顧客に対し、「銀行から融資を受けて顧客所有地に容積率の制限の上限に近い建物を建築した後、敷地として建築確認を受けた土地の一部を売却することにより融資の返済資金を調達する計画」を提案した。

しかし、この計画には「土地の一部を売却した残りの敷地部分のみでは建物が容積率の制限を超える違法な建築物となり、また、土地の一部の買主がこれを敷地として建物を建築する際には、敷地を二重に使用することとなって建築確認を直ちには受けられない可能性があるという問題」（本件問題）があった。

顧客は、このことを知らないまま、計画に沿って銀行から融資を受けて建物を建築した。しかし、本件問題があったために、その後、土地の一部を予定どおり売却することができず、融資の返済資金を調達することができなくなってしまったのである。

最高裁は、このような場合に、建築会社の担当者が本件問題を認識しながらこれを顧客に説明しなかったことは、信義則上要請される説明義務違反があると判示した。確かに、建築会社の担当者は本

件問題を認識していたのであるから、それを告げなかったのは信義にもとることはなはだしいと言える。

❖ 融資契約において貸主に調査義務が課せられることも

それでは、銀行担当者の義務はどのようなものとして捉えられるか。銀行担当者も、顧客に対し、本件計画を提案した建築会社の担当者とともに説明している。

顧客は、本件訴訟の中で、原告として、「銀行の担当者は顧客に対して土地の一部の売却について取引先に働きかけてでも確実に実現させる旨述べたなどの事情があった」と主張した。しかし、原審（大阪高判平成16年3月16日金判1245号23頁）は、それにもかかわらず、このような事情の有無を審理することなく、銀行担当者について、「本件問題を含め土地の一部の売却可能性を調査し、これを顧客に説明すべき信義則上の義務」はないと判断した。

最高裁は、そのような原審の判断には違法があると判示した。つまり、銀行担当者が「土地の売却を確実に実現させる」旨述べたような場合には、本件問題を認識していなくても、土地の売却可能性を「調査し、これを顧客に説明すべき信義則上の義務」が発生することになるというのだ。

融資の返済計画の具体的な実現性は、借主が検討するのがあくまでも原則である。ただし、例外的に、信義則上、貸主にリスクが転嫁される契機となる特段の事情があったときには、説明義務とその前提となる「調査義務」が担当者に課されることになるのである。

29 大学入学を辞退すれば入学金・授業料は返還されるのか

　受験シーズンになると、どこの大学を志望するか、受験生は頭を悩ませる。「本命はA大学で、滑り止めはB大学とC大学と決めたのはいいが、受験料はどうするか、学費はどうしたものか」。家族会議が開かれ、皆で相談する。

　春先は、こうした光景が、日本全国、多くの家庭でみられる季節である。

　滑り止めのB大学に合格したが、本命のA大学の合格発表はまだだ。しかし、浪人はしたくない。そうなると、B大学に入学金・授業料を払って、とりあえず入学手続をしておく必要がある。この場合、A大学にもめでたく合格でき、B大学には行かないことが確定したときには、納めた入学金・授業料は返してもらえるものか。

　入学金・授業料などを学納金と言うが、これらについては、大学と学生との間で不返還の特約がされているのが通常で、そのため学生もスポンサーである親も、返還をあきらめていた。一方、大学にとっては、受験料を含めて、学納金の収入は、年に1度の貴重な収益機会である。

　しかし、よく考えてみると、入学を辞退した学生の学納金を返還しないという扱いは正当化されるものなのか。とりわけ、消費者保護の観点からは、疑問がある。

　そこで、そうした問題意識から、学納金返還訴訟がいくつか起こされ、一連の最高裁判例により、基本的なルールが示された（最判平成18年11月27日民集60巻9号3437頁ほか4つの判決）。

❖ ……… 授業料は入学辞退による損害賠償額の予定⁉

　最高裁の考え方によれば、同じく学納金でも「入学金」と「授業料」とでは異なる。

　「入学金」は、学生がその大学に入学することができる地位を取得するための対価という性質を持つ。そのほか、大学が合格者を学生として受け入れるための事務手続等に要する費用にも充てられる。

　学生は、入学金を納付することによって、その大学に入学し得る地位をひとまず得たのだから、その後になって在学契約が解除されても、大学はその返還義務を負う理由はない。入学金の不返還特約は、このことを注意的に定めたもので、有効と解される。

　これに対して、「授業料」の不返還特約については、その意味をどう理解するかによって、効力の判断基準も違ってくる。

　判例は、まず前提として、授業料は、在学契約に基づいて教育給付を受ける対価であると考える。したがって、入学日より前に在学契約が解除される場合は、大学がそうした教育給付の対価を取得する根拠を欠くことになるので、大学は学生にこれを返還する義務を負う。つまり、授業料不返還特約は、本来は大学が学生に返還すべき金員を大学が取得することを定めた合意だということになる。

　では、何のためにそのような合意をするか。それは、①在学契約の解除によって大学が被る可能性のある有形・無形の損失や不利益を回避・塡補するという目的を持つとともに、②適正な数の入学予定者を確保するという目的にも役立つからである。すなわち、授業料不返還特約は、在学契約の解除に伴う損害賠償額の予定または違約金の定めの性質を持つと解される。

そう解すると、授業料不返還特約は、消費者保護を謳う消費者契約法9条1号によって、「平均的な損害」の額を超える限度で無効とされることになる。この場合の「平均的な損害」とは、一人の学生と大学との在学契約が解除されることによって、大学に一般的・客観的に生ずると認められる損害である。ただ、解除が、大学が合格者を決定するに際して織り込み済みのものであれば、その解除によって大学に損害が生じたとは言えない。したがって、学生が入学することが客観的にも高い蓋然性をもって予測される時点よりも前に解除されたときは、原則として、その解除は大学にとって織り込み済みであるはずであるから、大学には平均的な損害は生じていない。したがって、学生が納付した授業料は、その全額が平均的な損害を超えることになる。

❖ 授業料不返還特約の効力は？

　それでは、学生が入学することが客観的にも高い蓋然性をもって予測される時点はいつか。

　最高裁は、原則として4月1日、つまり大学の新年度が始まり、在学契約を結んだ者が学生としての身分を取得する時点であると考えた。そうすると、在学契約の解除の意思表示がその前日である3月31日までにされたときは、その解除は大学にとって織り込み済みであるはずであるから、大学に生ずべき平均的な損害は存しない。それにもかかわらず授業料を返さないという特約は、全部無効になる。

　以上が、最高裁の示した原則であるが、例外もある。入学式の無断欠席をもって入学を辞退したものとみなす旨の無断欠席条項が定められている場合である。この場合は、入学式の日までに在学契約

が解除されることや、入学式を無断で欠席することによって在学契約が解除されることがあることは、大学の予測の範囲内にある。そこで、この場合は、入学式の日までに在学契約が解除されても、大学に損害は発生していないから、授業料不返還特約はやはり全部無効となる。

また、推薦入学試験に合格した者が在学契約を締結した場合は、その時点で学生が入学することが客観的にも高い蓋然性をもって予測される。それにもかかわらず、在学契約が解除されると、原則として、初年度に納付すべき授業料等に相当する平均的な損害が生ずると考えられるので、授業料不返還特約は全部有効となる。ただ、解除の時期が、大学において当該解除を前提として他の入学試験等によって代わりの入学者を容易に確保できる時期を経過していないなどの特段の事情がある場合は、別である。

ところで、授業料不返還特約は、そもそも民法90条の公序良俗に反しないか。判例は、授業料不返還特約は原則として公序良俗に反しないとした。確かに、この特約の目的を考えると、一概に合理性を否定できない。しかも、受験者も不返還特約の存在とその内容を認識・理解した上で、利害得失を勘案しながら学納金を納付するかどうか、入学辞退をするかどうかを決定している。そして、返還されない授業料等は、一般に入学年度の最初の学期分ないし1年分にとどまる。したがって、一般的には、公序良俗に反するとまではいえないだろう。

最高裁は、このように入学金不返還特約と授業料不返還特約との目的の違いを考えて、受験生がどの時期に学納金を支払い、いつまでに去就をはっきりすれば返還されるかのルールを明示した。大学との公平も図られている納得できるルールだといえよう。

30 「楽しいこともありました」

　訴訟の中に、人生の縮図をみることがしばしばあるが、離婚関係訴訟は、その典型である。

　その夫婦は、ともに40代後半、夫はラジオ番組を編成するフリーのプロデューサー。妻は専業主婦で、アルバイト先のラジオ局で夫と知り合って結婚した。結婚18年で、二人の娘をもうけている。夫は普段はおとなしい性格で、収入は固定給ではないので安定してはいないが、生活に困らない程度にはある。経済的には問題はなく、ギャンブルをしたり、女性にだらしのない人物でもない。

　ただ酒癖が悪く、酒に酔って気に入らなければ家庭内で暴力を振るう。漫画『巨人の星』で、主人公・星飛雄馬の父・一徹が荒れ狂ってちゃぶ台を引っくり返すという場面があるが、酔余それに近いことをするのである。夫は周囲の人に気を遣うタイプで職場でも嫌なこと一つ言わないのだが、それだけに鬱屈するものがあり、飲酒するとそれが噴出する。妻は、そのことを理解し我慢していたが、そうした状態が、月に1回から2回になり、さらに週1回になり、ついには1日おきに酒を飲んで暴れるという始末になった。そのため、中学生の娘は不登校になって、メンタル面の治療費などを工面する必要から、カードローンやサラ金の借金が重なった。また、当然のことながら、娘たちもこうした父親を嫌うようになり、家庭がうまくいかなくなった。

　妻は、仲人に夫の行状を相談し、そのつど夫に意見してもらうと、しばらくは直るが、すぐ元に戻ってしまう。そこで、妻は「離

婚してほしい」と詰め寄った。夫は本音では嫌であったが、売り言葉に買い言葉で、離婚届に署名押印し、妻に渡した。妻は、お灸をすえてもらおうと考え、これを仲人に届けたところ、夫が出向いて頭を下げ、返してもらい破棄したこともあった。夫は素面のときはまともで、もちろん離婚するのは嫌なのだ。

❖ ……… 妻の限界、ついに離婚届提出！　そのとき、夫は!?

それでも行状が改まらないことから、もう一度、同じように署名押印した離婚届を作り、今度は、妻が持つことにした。

夫がまた暴れた夜、妻は、いよいよ離婚やむなしと決心し、「明日、離婚届を出しますからね」と夫に告げた。翌朝、役所に離婚届を提出したが、そのことは黙っていた。その直後に、妻は、夫に行き先を告げることなく、子どもと一緒に家を出た。

こうした顚末(てん)の末、まず提起されたのは、夫からの離婚無効確認の訴えであった。夫が弁護士を立てずに、「自分は離婚を承知していないのに、妻が勝手に届けをしたから、本件の離婚は無効である」という内容の本人訴訟を起こしたのである。これに対して、妻は、法律扶助により弁護士を依頼し、訴訟救助決定を得て印紙代も負担しないでよいという形にした上で、離婚無効確認の訴えについては請求棄却を求め、もし離婚が無効であれば、離婚を求めるという反訴を提起して、応戦した。

夫婦の関係は、所帯を持たない者にはわからないかもしれないが、どちらもそれほど悪くはないのに、いろいろなことからだんだん不仲になっていくケースが少なくない。誰でも、そうした事態に遭遇することがあり得るわけで、その局面にある人は、本当に気の毒だ。こうした離婚関係訴訟では、事案をきちんと認識するため、

人間に対する理解が不可欠である。

　この訴訟では、証拠調べとして原告、被告の本人尋問をした。夫は、「自分としては、酔余暴力を振るった点は大いに反省している。しかし、自分の抱えているストレスをわかってくれるのが家族ではないか」と言う。

　妻はそれに対して、「我慢できる限界まで我慢した。しかし、あまりに酷いし、子どもも不登校になってしまって、父親を嫌っている。親子3人の生活は正直言って苦しいが、それでも夫とやり直すことはできない。自分は今、生活保護を受け、職業訓練学校に通っていて、新しく仕事に就こうと頑張っている」と述べる。そして、具体的かつ詳細に「夫が、こんなことをした、あんなことをした」と話し、それに夫が逐一反駁するという泥仕合が展開された。

　そうした本人尋問の最後に、裁判官は、妻に対し、「いろいろ大変なことがあったようですが、ご主人と過ごした18年間に、楽しいことはありませんでしたか？」と質問した。そうすると、妻は、はっと姿勢を正し、柔和な表情になって、「それは楽しいこともありました」と、ゆっくりした口調で答え、尋問は幕を閉じた。

❖……泥仕合を演じても互いに大切に想う思い出がある

　裁判官は、その場で和解を勧告し、直ちに、原告である夫と被告である妻、その訴訟代理人の弁護士とを裁判官室に呼び入れた。そして、夫に、「『楽しいこともありました』と、奥さんが最後に言ったのを聞いて、どう思いましたか」と尋ねた。

　夫は、涙を隠そうともせず、「言いたいことはたくさんあるけれども、最後の言葉を聞いて、自分は身を引いてもよいと思いました」と答え、「子どもたちの養育費も払いたいと思います」と述べ

た。

　これを聞いた妻は、どのように対応したか。これで、妻が感激して、夫婦のヨリをもう一度戻そうということになるとすれば、まさにドラマである。

　しかし、現実は、そうはいかない。妻も涙を流したが、覆水は盆に返らないのである。この案件は、「本件離婚が有効である旨を双方で確認すること、二人の子どもが18歳になるまで、各〇〇万円の養育費を支払うこと」という和解が成立した。

　最後に、裁判官は、夫に、「あなた方は離婚すれば他人ですが、親子の縁は切れません。娘さんたちは、今はお父さんを嫌っているかもしれませんが、あなたができる限りのことをすれば、必ずそれをわかってくれるときがくると思います。養育費の支払いは大変でしょうが、頑張ってください」と告げた。夫は、しっかりした声で、「わかりました」と応じた。

　このエピソードは、離婚関係訴訟で、双方がいがみ合って、罵り合うという泥仕合を演じるようになっても、妻の心の片隅には「楽しいこともあった」という気持ちがあり、そうした気持ちを妻が持っていることを知ると、夫もそこで考えるところがあることを教えてくれるものである。

　これをありきたりの展開とみるか、人間の持つ善良さやその心理のあやを汲み取るかは、受け手次第であろう。ただ、この和解は、当事者の気持ちの上では、判決で得られるものよりも良質の解決であったと言ってもよいと思うが、どうであろうか。

31 反対株主の株式買取請求における「公正な価格」算定の基準日

❖ 案件の難しさの諸相

　裁判官は、世間の耳目を集める重大案件から世上しばしばみられる市井の一般案件までさまざまな事件を担当する。

　一般案件だからといって単純とは限らず、複雑な背景事情を持ち、関係者の感情的対立や思惑が交錯し、しかも証拠関係が薄いといった、難しいものもある。逆に、重大案件として社会的関心が持たれるものの、証拠関係がきちんとしていて、法解釈が確立した論点で争われているケースであれば、法的判断は難しいわけではない。

　これに対して、法改正がされた分野で法解釈が確立しておらず、学説も甲論乙駁(ばく)という状態で、下級審裁判例も分かれていて、最高裁判例も出ていない論点を抱えた案件は、法解釈をした上で一定の規範を定立しなければ結論を出すことができない。それだけに難しさは一入であるが、法律家冥(みょう)利に尽きるとも言える。裁判官としては、覚悟を決めて正面から取り組む案件である。

❖ 楽天対 TBS 株式買取価格決定申立事件と問題の所在

　楽天株式会社（以下「楽天」という）対株式会社東京放送ホールディングス（以下「TBS」という）株式買取価格決定申立事件は、そのような難しさをはらんだケースであった。

楽天は、TBSとの業務提携・経営統合を目指して、平成17年8月以降、その株式を大量に取得し、協議を試みてきた。これに対し、TBSは慎重な姿勢をとり、協議は不調に終わった。そして、TBSは平成20年12月の株主総会で、事業を子会社である株式会社TBSテレビに分割させる吸収分割を行い、単独株主が33パーセントを超える株式を保有できない認定放送持株会社に移行することを決議した。楽天は、これに先立ち、吸収分割に反対する旨を通知し、株主総会でも反対した上、株式買取請求期間の満了日である平成21年3月31日、TBSに対し、保有する株式約3777万株を「公正な価格」で買い取ることを請求した。しかし、その価格の決定につき協議が調わないため、両者が、会社法786条2項に基づき、それぞれ株式売買価格の決定の申立てをした。

　平成17年改正前商法は、株式買取請求権が行使された場合における買取価格について、「決議ナカリセバ其ノ有スベカリシ公正ナル価格」（245条ノ2第1項）と定めていたが、会社法785条1項は、吸収合併等が行われる場合、反対株主は、消滅株式会社等に対し、自己の有する株式を「公正な価格」で買い取るよう請求することができる旨改めた。このような文言の変更は、企業再編（組織再編）とその対価の柔軟化に対応したものであり、吸収合併等に反対する株主は企業再編による企業価値の増加を適切に反映した価格により買取りを請求することになると解されている。

　そして、学説上「公正な価格」の意義・内容、その基準日について、解釈論が展開されてきたが、基準日の解釈には争いがあった。

❖……… 最高裁決定までの道筋

　このような状況の下で、楽天対TBS株式買取価格決定申立事件

が提起され、東京地裁決定（東京地決平成22年5月1日判時2087号12頁）、東京高裁決定（東京高決平成22年7月7日判時2087号3頁、判タ1330号70頁、金判1364号14頁）、最高裁第三小法廷決定（最決平成23年4月19日民集65巻3号1311頁）が、この問題に回答した。

楽天対TBS株式買取価格決定申立事件において争点とされた点は、①公正な価格を定める基準日および公正な価格の判断基準だけではなく、②本件吸収分割によるTBSの企業価値・株主価値の毀損の有無、③得べかりしシナジー効果分の加算の適否、④支配権プレミアムの加算の適否などであった。しかし、②ないし④の点については、地裁決定・高裁決定では消極の判断がされ、最高裁決定でも維持されている。すなわち、本件吸収分割によりシナジー（組織再編による相乗効果）は生じず、TBSの企業価値や株主価値を毀損するものではなく、株式の価値に変動をもたらさなかったことを前提として、各決定は株式価格の算定をしている。

楽天は、本件吸収分割がTBSの認定放送持株会社化と連動して行われたもので、その企業価値や株主価値を毀損するから、株式価格算定基準日は、本件吸収分割の決議日（平成20年12月16日）であるとした上（組織再編の承認決議日説）、認定放送持株会社化することによる影響は改正放送法の成立までに除々に織り込まれたものであるから、改正放送法の成立日（平成19年12月21日）の前の6カ月間の市場価格終値平均価格を参照すべきである等として、公正な価格を3940円と主張した。

これに対して、TBSは、基準日は、株式買取請求権行使日（平成21年3月31日）であり、その日の市場価格終値である1294円を公正な価格と主張した（株式買取請求権行使時説）。

地裁決定は、価格算定の基準日につき、その時点で株式買取請求

が確定的に効力を生ずる吸収分割の効力発生日（平成21年4月1日）とし（吸収分割効力発生日説）、買取価格を、1294円と決定した（楽天は即時抗告）。

高裁決定は、抗告を棄却し、楽天の株式買取請求による買取価格は、1294円とするのが相当であるとして地裁判決の結論を維持した。ただし、価格算定の基準日は、株式買取請求期間満了日（平成21年3月31日）であり、本件では、その日の市場価格終値をもって買取価格と認めるのが相当であるとした（買取請求期間満了時説）。楽天は、許可抗告を申し立て、これが許可された。

❖ 最高裁決定の考え方

最高裁は、①「吸収合併等により企業価値が増加しない場合に消滅株式会社等の反対株主がした株式買取請求に係る『公正な価格』は、原則として、株式買取請求がされた日における、吸収合併契約等の承認決議がなければその株式が有したであろう価格をいう」との規範を形成した。そして、②「吸収合併等による企業価値の増加も毀損もなく、吸収合併等が消滅株式会社等の株式の価値に変動をもたらさない場合に、株式買取請求がされた日における市場株価等を用いて『公正な価格』を定めることは、裁判所の合理的裁量の範囲内にある」と判断して、高裁決定を維持し、楽天の抗告を棄却した。

吸収合併等における反対株主に株式買取請求権が付与された趣旨について、最高裁決定は、「吸収合併等という会社組織の基礎に本質的変更をもたらす行為を株主総会の多数決により可能とする反面、それに反対する株主に会社からの退出の機会を与えるとともに、退出を選択した株主には、吸収合併等がされなかったとした場

合と経済的に同等の状況を確保し、さらに、吸収合併等によりシナジーその他の企業価値の増加が生ずる場合には、上記株主に対してもこれを適切に分配し得るものとすることにより、株主の利益を一定の範囲で保障することにある」と説示する。この趣旨に照らせば、「吸収合併等によりシナジーその他の企業価値の増加が生じない場合には、増加した企業価値の適切な分配を考慮する余地はないから、吸収合併契約等を承認する旨の株主総会の決議がされることがなければその株式が有したであろう価格（ナカリセバ価格）を算定し、これをもって『公正な価格』を定めるべきである」として、①の規範を導く。

②について、最高裁決定は、「裁判所による買取価格の決定は、客観的に定まっている過去のある一定時点の株価を確認するものではなく、裁判所において、上記の趣旨に従い、『公正な価格』を形成するものであり、また、会社法が価格決定の基準について格別の規定を置いていないことからすると、その決定は、裁判所の合理的な裁量に委ねられているものと解される」と説示する（最決昭和48年3月1日民集27巻2号161頁）。

これらの点については、高裁決定・地裁決定も同旨であった。

❖ ……「公正な価格」の基準日

問題は、「公正な価格」の基準日である。

最高裁決定は、「反対株主が株式買取請求をすれば、消滅株式会社等の承諾を要することなく、法律上当然に反対株主と消滅株式会社等との間に売買契約が成立したのと同様の法律関係が生じ、消滅株式会社等には、その株式を『公正な価格』で買い取るべき義務が生ずる反面、反対株主は、消滅株式会社等の承諾を得なければ、そ

の株式買取請求を撤回することができないことになる（会社法785条6項）」という法律関係の構造から、『公正な価格』の基準日は、「(i)売買契約が成立したのと同様の法律関係が生ずる時点であり、かつ、(ii)株主が会社から退出する意思を明示した時点である株式買取請求がされた日とするのが合理的である」と説示した（株式買取請求行使時説）。

(i)は、基準日の解釈について、いわば民事法的理解を基礎にしており、(ii)は会社法的理解を基礎にしているものと解される。なお、(i)の理解に関し、那須弘平裁判官の意見は、反対株主が株式買取請求をした時点で売買代金額は定まっていないから、厳密な意味での売買契約が成立した場合と区別して考える必要はないかと疑義を呈するが、批判として、十分成り立つ。これに対し、田原睦夫裁判官は、売買契約の成立には、目的物が特定され代金の決定方法が定まれば十分であるところ、株式買取請求では、最終的な代金の決定方法、支払日等につき具体的に法定されているから、問題ない旨補足意見で反論している。

高裁決定は、「公正な価格」の基準日について、①「公正な価格を定める基準日については、契約の成立時点における目的物の価値を基準に決めるのが自然であり、かつ、合理的であるから、基本的に買取請求権行使時に接着した時期と解するのが相当である」としつつ、②「裁判所に対し買取価格の決定が申し立てられる場合には、基準時は、反対株主平等の観点から、同一の時点とされるべきであり、投機的行為が制限される買取請求期間満了時を公正な価格を定める基準日とするのが相当である」とした（買取請求期間満了時説）。①は、いわば民事法的理解を敷衍するものであり、②は会社法的理解を基礎にしているものだ。

そうすると、複数の反対株主から別の日に買取請求権が行使された場合に、最高裁決定では、株式買取請求行使時を基準日とするから、（裁量による調整は許容されるが）株価が異なることがある。これに対して、高裁決定では、基準日を同一の買取請求期間満了時とするから、株価が異なることにはならない。両者の違いは、この場面における株主平等という会社法上の要請の捉え方の差異にあった。

　本件では、買取請求行使時がまさに買取請求期間満了時であったが、一般的には、買取請求期間満了時は、反対株主が株式買取請求をした日より後の日となることが多いであろう。最高裁決定は、その場合には、反対株主は、自らの意思で株式買取請求を撤回することができないのに、その後の市場の一般的な価格変動要因による市場株価への影響等当該吸収合併等以外の要因による株価の変動によるリスクを負担することになり相当ではないとする。

　また、田原裁判官は、補足意見で、組織再編の承認決議時説に対し、上場株式の場合、株主は、とりあえず決議に反対した上で、株価が上昇傾向にある場合には株式買取請求権を行使せずに市場で売り抜け、下落傾向にある場合には、市場で売らずに、株式買取請求権を行使して承認決議日の価格での買取りを選択することができることとなり、反対の議決権を行使しなかった株主との間の均衡を欠き、また、株主の投機的行動を誘発する危険があると批判する。そして、買取請求期間満了時説に対しても、株式買取請求権を行使できる初日と満了日の間は19日間あるから、同様の批判が当てはまるし、株式買取請求期間中に株価が大きく変動している場合（最決平成23年4月26日金判1367号16頁［インテリジェンス株式買取価格決定申立事件、破棄・差戻し］）を考えると、株式買取請求権行使の時期の

如何にかかわらず、各株主の買取請求に係る価格を株式買取請求期間満了時で統一することは、かえって株式買取請求権を行使した株主間に不公平をもたらすと説示する。

❖ 最高裁決定の意義

最高裁決定は、許可抗告を受けて、学説・裁判例が分かれていた論点について、一定の規範を形成して、法律審としての最高裁の役割を果たした。しかも、法廷意見のほか、田原裁判官の補足意見と那須裁判官の意見が付され、考え方の対立軸が明確にされており、議論を深化させる格好の素材を提供している。

会社法務にかかわる者は、この決定を未読で済ますことはできない。心して、味読すべきであろう。

32 お墓と墓地をめぐる紛争

　お盆には郷里に帰省して、ご先祖のお墓参りをするのが、われわれ日本人の年中行事である。根っからの東京人も、帰省はしなくとも、お墓参りはする。

　ところで、民事訴訟の中でも難件に属するものに、お墓や墓地をめぐる紛争がある。法律関係が複雑な場合が多く、問題の性質上古い話が問題になるのに事実認定をするための証拠が薄いことが多い。その土地の慣習がカギとなることもある。しかし、当事者が全く別の慣習があると主張し、それぞれを応援する古老も登場してくると、何を決め手に判断したらよいか悩ましい。しかし、当事者にとっては、金銭に代えられない問題であるだけに、深刻にして熾烈な争いになる。

❖ 僧侶資格を持つ弁護士調停委員

　東京地裁に勤務していた時期に、古刹にある墓地の相続関係を争う案件に当たったことがある。訴状と答弁書を一読すると、旧幕府の旗本であった家柄の旧家のお墓をめぐる紛争で、曰く因縁も多く、とても一筋縄ではいきそうもない。当時、東京地裁の調停委員に、僧侶資格のある弁護士さんがおられることを知っていたので、一計を案じた。民事訴訟を調停に付して、調停部に送り、この弁護士さんに調停委員として担当してもらったのだ。

　1年ほど経った頃調停が成立して事件記録が戻ってきた。さすがに、餅は餅屋で、僧侶資格を持つ弁護士調停委員が当事者双方の納

得できる解決案を編み出してくれたのである。お墓や墓地をめぐる紛争について、通常はこうした援軍は得られないから、これは僥倖であった。

❖ …… 4代前からの墓所をめぐる訴訟

一族の墓所をめぐって争いが発生するには何かきっかけがある。甲と乙とは親戚で、4代前からの一族のお墓がある土地を、それぞれ祭祀承継者となった先祖の墓地として隣り合った状態で使用してきていた。甲は、あるとき従前の使用範囲を超えて先祖の霊殿（新しい大きな墓）建立をしたいと思い立って、既存の墓石を撤去し始めた。乙は、驚き、弁護士に依頼して内容証明郵便で工事の中止を求めたところ、甲は基礎部分ができた状態で中断した。

乙は甲を相手にして、墓所の使用範囲にかかる紛争の解決を求める民事調停を起こしたが、話し合いは進展せず、調停不成立となった。すると、その翌月、甲は工事を再開し、乙からの墓石増設工事禁止の仮処分の申立ても意に介さず、霊殿を完成させてしまった。

もちろん乙は収まらず、甲に対し、この霊殿など工作物の撤去を請求する訴訟を起こした。これに対抗して、甲は、非は墓地の霊殿建立工事を違法に妨害した乙の方にあるとして200万円の損害賠償請求をした。

一審裁判所は、喧嘩両成敗というわけでもなかろうが、甲乙双方の請求を棄却する判決を言い渡した。一審判決は、①この地方には、既存の墓石の存在形態を変更・改修する場合には、その影響を受ける者の承諾を得た上で行うという慣習があるが、甲のした霊殿建立工事は、慣習に反した違法なものであり、乙が工事差止めを求めたことは正当であるから甲の請求は認められないとする一方、②

既存の墓石で供養される者の祭祀承継者が乙であるとは認められず、権利として撤去を求めることができる範囲も特定できないから、乙の請求も認められないと判断したのだ。これに対して、乙が控訴し、甲も附帯控訴した。

控訴審の裁判官は、乙の側に証拠がないという理由で、一方的に既存の墓石を撤去し、新たに霊殿を建立した甲の行為がそのまま残る結果になることは落ち着きが悪いと考えた。そこで、証拠関係を丹念にみていくと、①撤去されたお墓のお参りをしていたのは、乙とその関係者のみであったこと、②その墓で供養される者の位牌は乙方で保管されていること、③工事で墓参りするための通路部分がなくなり、甲は乙らの墓前に踏み入って自分の墓地に至る状態になってしまったこと、④工事前に撮影された航空写真によれば、従前の墓石の位置関係が不十分ながら確認できることが判明した。

一審判決は、①②の事実を認定しながら、墓石の設置者や設置時期が不明であったことや位牌が近年に作成されたものであることを重視したのであるが、そのような判断には疑問がある。ある家に位牌が置かれている事実と、そのお墓にお参りし維持管理をしていた事実は重い。近年に作成されたものであっても、経験則上、縁もゆかりもない位牌を仏壇に供えることはないし、関係のないお墓を参ることもしないであろう。そうすると、乙は既存のお墓で供養される者の祭祀承継者であることを認めてよいと考えられる。③の事実はいかにも不都合であるし、④の事実から撤去請求することができる範囲も特定可能である。

控訴審の裁判官は、そう考えて和解を勧めたが、甲は拒んだ。やむなく、乙の霊殿物撤去請求を認容し、甲の附帯控訴は棄却する判決が言い渡された。これで、この一族の墓所は、ようやく原状に復

帰することができる。甲は相当の高齢で、その強引な行動は本家意識に基づくものであり、そのようにして当然と思い込んでいる様子であった。ともあれ、一族のご先祖も、これで一安心といったところであろう。

❖ 売れ残った墓苑予定地と関係者それぞれの思惑

　墓地造成ビジネスの失敗の後始末に関連する案件も難しい。これは、業者がお寺（宗教法人）と組んで、大規模な墓苑造成をして、これを分譲販売する形態のビジネスだ。地方から働きに出てきた人が街場に一家を構え、住まいの近くにお墓を持ちたいというニーズはある。だから、交通アクセスがまずまずで、値段が手頃であれば、売り出した区画は完売する。

　しかし、思惑が外れ、一部は売りきったが相当部分はこれから造成するという段階で、資金調達に行き詰まると大変厄介だ。元の地目は山林などで地権者から安価に購入しているはずなのに土地売買代金が一部未払いであったりすると、売買契約を解除されてしまう。墓苑を造成した請負業者との間で工事の瑕疵をめぐる争いを抱えているケースもある。

　一体開発する予定だった未分譲の土地を債権者が差し押さえ、競売を申し立てることもある。競落人が奇特にも後を引き継いで墓苑造成をしようとすることはまずなく、買い戻させてサヤを取ろうという思惑であるから、混乱に拍車がかかる。

　お寺の責任もあるのだが、案外、自分も被害者だと考えていて、当事者意識の乏しいことが少なくない。そうこうしているうちに、すでに完成している墓苑管理もおぼつかなくなっていく。

　無責任な関係者に仏罰が当たることはないものなのか。

33 交錯する親の思い、子の思い

　数は多くはないが、親子の間で民事訴訟を争う事件がある。詐害行為まがいの馴れ合い訴訟も想定されるが、被告が欠席する形をとられると、裁判所はこれを見抜けないまま判決せざるを得ないことになるから、注意を要する。

　しかし、そのような濫用型のものではない親子間の民事訴訟には、親の思い、子の思いが交錯し、良質のドラマをみる思いをするものもある。その反対に、凡庸なドラマ、後味の悪いドラマもみられるのも現実である。

❖ エピソード① **父は息子に対してどこまで酷薄になれるか**

　Xは、妻Aと離婚し、妻が長男Yの親権者になった。Xは、その後再婚し、別の土地で別の家庭を築いた。Xの母Bは相当の資産家で、嫁と孫を不憫に思い、同居させて生活の援助をしていた。

　Aは病を得てBよりも早く亡くなったが、その後も、Bは孫のYの成長を楽しみに暮らしていた。Bは、Yの大学進学を機に、「すべての財産をYに譲る」という自筆証書遺言をした。Bは、Yが大学卒業して就職した姿をみて、亡くなった。

　Xは、Bの遺言の内容を知り、Yに対し、自筆証書遺言無効確認請求訴訟を提起した。その理由は、Bは当時認知症であり、意思能力を欠いていたというものであった。Yは、カルテや検査結果を提出し、担当医師にお願いして証言してもらうなど、弁護士の適切な

訴訟活動もあり、遺言は有効であるという、請求棄却の一審判決を得た。

Xは、控訴し、自分も医師であり認知症の専門家であるが、担当医師の診断は医学的に誤っているという論陣を張った。しかし、実際に診断した者と机上で検討した者とでは、その所説の優劣は明らかである。

そこで、控訴審の裁判官は、遺言は有効であることを前提として、Xの遺留分を調整するという方向で和解を検討してはどうかと勧告した。すでに一審判決が出ており、控訴審でも同様の心証が披瀝(れき)された上での和解の場の設定であるから、当事者は通常であればテーブルには着く。その上で、内容的に合意できなければ和解しないという選択はいくらでもできるからである。とりわけ、XとYにとっては、背景にある長年の確執を解消する絶好の機会となるはずである。

裁判官の含蓄ある勧告に対して、Yは同意したが、Xは驚くべきことに、遺言無効を前提としない和解はできないと一蹴(しゅう)した。控訴裁判所は、速やかに控訴棄却の判決を下したのは言うまでもない。

XはかりそめにもYの実父である。なぜそこまでBの遺産を独り占めしようと考えているのか、その理由は最後までわからなかった。

人は肉親に対して、どこまで酷薄になることができるのか。裁判官は、人の心の底知れぬ暗黒面を垣間見た思いがした。

❖ ───── エピソード② 父の好意に甘え続けた息子夫婦

父親Xは、長男Yに転職が多いのを鍛え直し、自立させようと、一人暮らしをさせた。Yはとび職となり、結婚を契機に、Xが所有

し居住している2階建て建物（6部屋の賃貸部分あり）の一部に居住させてほしいと希望した。Xは、手に職をつけたのに甲斐性がないと嘆いてみせたものの、賃貸部分の一部屋を改造し、賃料は取らずに住まわせることにした。この関係を法的に捉え直すと、XとYとの間で期限の定めのない使用貸借契約を締結したということになる。

Xは、その後、Yの家族の水道料や光熱費を負担し、食費も出すなどしてYを援助していた。もっとも、Xは、Yが感謝の念を示さないこと、仕事の休みが多いことを気にかけていた。あるとき、Xは、Yが虫除けスプレーを室内で体に吹きかけていたことを注意したところ、口論となり、YがXに暴力をふるいケガをさせてしまった。これを契機に、XとYら夫婦とは一気に不仲になり、日常の挨拶をすることも絶えた。

Xは、Yに対し、居室の明渡請求を提起した。本件使用貸借契約は、親子関係に基づく情誼と信頼関係が基礎となって結ばれていたものであるが、これが損なわれ、その修復が著しく困難になり、居室を無償使用させておく理由がなくなったから契約を解除するというのが、Xの言い分である。一審判決は、Xの請求を認容した。

Yは、代理人を付けることなく控訴したが、法廷でみる限り、父親の怒りの真剣さが理解できておらず、事態を人ごとのように受け止めていた。控訴審の裁判官が、「控訴などせずに、真摯にXに詫びを入れるのが先ではないか」と諭し、「この際は、任意に居室を明け渡して恭順の意を表したらどうか」と告げた。

Yは、次回期日に、「父に悪いことをしたと思う。裁判官に言われたように、引っ越すことにします」と回答した。それを聞いたXは、自分が引越費用を負担してもよいと言い出し、そうした内容で

和解が成立した。

このケースでは、親子関係は最悪の状態にまで堕ち込んだが、冷却期間を置けば修復する可能性は残っているように感じられた。

❖ エピソード③ 他人の讒言(ざん)と父子間の機微

地元でスーパーマーケット・チェーンを経営するXは、一人息子のYが手がける事業に融資をしていた。Yは、これまでにもいくつかのビジネスに手を付けたが、取り巻き連中のカモにされるような形で失敗が続き、そのつど、Xに尻拭いしてもらってきた。

YはXに恩義を感じ、心を入れ替えて今回の事業に取り組んでいて、幸いにも軌道に乗りつつある。

ところが、Yに悪意を持つ者がXにあることないこと吹き込んだため、Xは、Yに対する愛の鞭(むち)として融資を引き揚げると言い出した。顧問弁護士は、調査した上で、Yへの疑惑は冤罪だと確信した。そして、Xの説得に努めたが、妻に先立たれて不安定でもあったXは耳を貸さない。

顧問弁護士は、Xからせっつかれて、Yに対する貸金返還請求訴訟を提起したが、その矢先にXが脳出血で倒れた。Xにもしものことがあれば、Yが唯一の相続人として相続することになる。

そうした中で第1回口頭弁論期日が開かれたが、裁判官は、事情を聴取した上で、次回期日を「追って指定」とし、訴訟を進めなかった。Xは、その後奇跡的に回復し、訴えを取り下げた。それだけでなく、YにXの跡継ぎとしてスーパーマーケット・チェーンの仕事もさせ始めた。

親子間の民事訴訟には、身につまされるものがある。当事者の思

いを洞察し、権利義務と義理人情とのバランスを深いところで図りながら、最善の策でなくとも、次善の策をとることができるようにしたいものだと思う。

34　脱税をめぐる攻防

　年度末は、確定申告の季節だ。所得の捕捉率は、「くろよん」などと言われる。サラリーマンは所得を9割、自営業者は6割、農家は4割、税務署に捕捉されるということだ。税務訴訟は、自営業者が原告になることが多いが、裁判官にとっては難しくも興味深い案件の一つである。

　難しさは、法律論とそれに伴う運用論を理解することの困難さに由来する。また、事実認定が厄介なことが多いし、事実をどのように評価して、法令に当てはめるかも一筋縄ではいきにくいのだ。興味深いのは、伊丹十三監督が映画『マルサの女』シリーズで活写したような人間模様が透けてみえてくるからである。

　もともと課税権は王権（領主権）の根幹であったが、民衆がこれに抵抗することにより近代国民国家が誕生しているのであるから、徴税側は、租税法律主義の原則を厳守すべきである。これに対して、納税せずに済むのであれば、是が非でもそうしたいと思うのが人情であろうが、許容されるのは「節税」までである。

❖ ……… エピソード① 　**繁盛スーパーの経営者なのに年間所得100万円以下？**

　釧路地裁時代に、スーパーマーケット経営者の所得税更正処分取消等請求事件を担当したことがある。そのスーパーマーケットは地域の中核的な店で相当流行っていたが、その経営者が、年間所得100万円以下という申告を何年も続けていた。目を付けた税務当局

が指導しても聞かず、帳簿提示等の要請にも応じなかったため、推計課税され、これを争った案件であった。

提訴10年目の年に判決を言い渡すことができたが、主任裁判官は、判決書原稿作成のためにひと夏をつぶした。

税金をごまかす手口は意外にシンプルで、仕入れや人件費など経費を水増しし、売上げを少なくみせるよう細工することだ。この事件を通じて、レジスターの中には、レジを打つと何件かに1件の割合でレシートは出るが、本体機器の記録には残らないという驚くべき性能を備えた製品が闇で売られている現実を知った。

❖ エピソード② **医師による不自然な調査延期要請。明らかになった実態は……**

東京高裁で担当した医院を経営する医師Xの所得税更正処分取消等請求控訴事件でも、いくつかの手口と人間模様の諸相を垣間見ることができた。

X医師は、年間に2億円近く売り上げ、500万円前後の所得を青色申告していた。事の顛末は、次のとおりである。

第1に、国税調査官甲がX医院に所得税確定申告書の基礎資料の確認調査に赴くことを伝えると、X医師側は執拗に何度も調査延期を申し入れている。まず、経理担当者乙から電話により、次いで、X本人から電話により延期の申入れがあり、さらに、Xが税務署に来署し、妻Aと乙とが二人とも体調不良であることを理由に延期を申し入れた。政治団体の某からも、同旨の電話があり、Xから重ねての電話による延期要請があり、その後に、X名義のAの診断書が届けられた。甲調査官は、前任者が8回にわたる調査予約を拒否された轍を踏まないよう、今回は背水の陣をしいており、延期を了承

しなかった。

　第2に、甲が調査に入って以降、関与税理士が次々に替えられた。関与税理士は、Xが食言をするため、信頼関係を維持できないとして辞任したようだ。調査期間中、関与税理士は実に5人を数えた。

　第3に、甲が調査結果について説明した上で、弁明を求めてもX側はまともに対応しない。

　第4に、XとAとが連名で、調査への対応がXの精神的負担となり、患者の診察時に不安な気持ちにさせられたから、慰謝料を請求するつもりである旨の配達証明郵便を出している。脅しか牽制のつもりであろう。また、ある大物代議士の秘書と名乗る者から、調査のクレームも入ったが、これは先に登場した政治団体の某と同一人物とみられた。

　こうした調査経過からすると、誰でも怪しいと感じざるを得ない。案の定、X医師は、調査対象となった平成14年から16年までの3年間、実際の収入額から、架空の経費を計上し、大きな金額を控除していた。

　第1に、全く働いていない架空の従業員何人か分の給与を計上していた。過去に勤務していた者や患者の付添婦の名前を勝手に使っていたのだ。しかも、発覚しないように社会保険料の支払いまでしていた。巧妙かつ悪質な手口である。Xには、支払う必要のない社会保険料を支払っても、なお税金を減らす方が、よりメリットがあったのだ。また、タイムカードも作成し、わざと汚して古さを出すような小細工もしていた。

　第2に、ある会社に調査を依頼した対価であるとして、1000万円を超える額を支払った形を整えていた。世上、B勘屋という裏稼業

があり、架空の領収書を発行し、荒稼ぎをするというが、ここに顔を出しているのが、それである。B勘屋は、利益を圧縮するために使われるが、もとより違法であるから、業者は表に出てこないのが普通であるが、本件では、尻尾を出してしまっている。

甲は、経理担当者であった乙から「Aの指示で不正な経理操作に加担させられていた」ことを、裏づけとなるデータを押さえつつ聴取していった。乙は、20年余りX医院に勤めたが、「当初から不正が行われており、どうして税務署に発覚しないのか常々疑問に感じていた、X医院をクビになった今こそすべてを話して、すっきりしたかった」とまで述べた。

Xは、乙がXとAに恨みを持ち、根も葉もないことを調査官に吹き込んだと争った。しかし、給与の架空計上という厳然たる事実を前にすると、およそ説得力のかけらもない。

実体では勝算なしとみたXは、今度は、甲調査官が預かり証を残さずXの同意もなしに帳簿書類を持ち帰ったと言い出した。手続の瑕疵を問題にしたのだ。しかし、関与税理士が立ち会った場面では、そのようなことはあるはずもなく、「ためにする」言いがかりにすぎない。

医師には優遇税制があるのにもかかわらず、世間には、X医師夫婦のように、「ごまかしきれない時が、年貢の納め時だ」という小ずるい処世をして恥じない人がいる。しかも、Xは、平成13年分以前の帳簿書類等をついに提出せずに済ませて、時効で逃げきった。

こうした人を相手にして汗を流す国税調査官は大変だ。先入観を持つことは禁物だが、裁判官も無垢でピュアな世間知らずではいられないのが、税務訴訟である。

35 社会的広がりを持つ事件

　民事訴訟事件そのものが難しくなっていると感じる。いくつかの原因が複合しているが、市場要因、技術要因、社会要因という分け方ができるように思う。このうち、事件の困難さにおける社会要因について考えてみたい。

　例えば、街の景観侵害を理由とするマンション建築差止訴訟などに代表される現代型訴訟と言われるものが、その典型である。景観訴訟は、街の景観保護のあり方そのものを争点とするが、個人の財産権と衝突する。その意味で、社会的広がりを持つ事件であり、さまざまな考え方がぶつかり合う。まさしくハード・ケースであり、多くは、各人の抱く政治哲学・社会哲学にかかわるものだ。こうした事件は、通り一遍の検討では事足りず、原理的な深い考察が必要になることが多い。

❖ 身体障害者に付き添う介護者の運賃の割引制度

　Aさんの娘は、身体障害者である。Aさんは、娘のために、B市役所に身体障害者手帳を受取りに出かけた。その際、Aさんは担当者から「娘さんが利用する鉄道・バスの運賃は5割引になる」との説明を受けた。実は、身体障害者が外出するには介護が必要なことが多いことから、介護者の運賃も5割引になるという制度がある。しかし、担当職員は、介護者であるAさんの運賃の割引制度については何も説明しなかった。

　そのため、Aさんは娘の介護者として鉄道・バスに乗車したとき

にも正規料金を支払っていた。ところが、その旅行中に、鉄道会社の従業員から介護者にも割引制度があることを教えられた。

　Aさんは、市役所の担当職員は、どうして介護者の割引を教えてくれなかったのか疑問に思った。不親切ではないかと。

　身体障害者福祉法は、身体障害者の自立を図り、生活圏を拡大し、社会経済活動への参加を促進するという福祉増進のため、国・地方公共団体だけでなく国民の責務をも定めている。とりわけ、国・地方公共団体は身体障害者の主体的な生活の実現を政策的に支援することが要請されている。しかし、第一線の市役所職員が事務的・機械的な対応に終始していて、身体障害者福祉法の目的や理念に配慮した、思いやりある姿勢に欠けていては、「仏作って魂入れず」である。

　Aさんは、今回の件は、こうしたことが根底にあり、自分と娘の問題にとどまらないと考えた。そして、本件を契機に、自治体とその職員に、身体障害者福祉関係事務を進めるに際して温かな配慮をするようになってほしいと考え、司法判断に望みを託すことにした。Aさんは、それまでに支払った正規運賃と割引額相当額との差額の損害（1万円余）を被ったが、これはB市の職員の説明義務（情報提供義務）違反に基づくものであるとして、B市に対して、損害賠償を求めたのである。もとより、金銭賠償が真の目的ではない。

　一審判決は、Aさんの請求を認めた。その理由は、市役所の担当職員は、介護者の運賃割引の説明をせず、『障がい者のてびき』の交付もしなかったと事実認定した上、身体障害者手帳の交付に当たっては、鉄道・バスの運賃が一定の場合に介護者も割引になることを教示すべき条理上の義務があるところ、担当者はこれに反した

というものであった。B市は控訴した。

控訴審判決は、Aさんの請求を棄却するという逆転判決をした。その理由は、『障がい者のてびき』は交付されたと事実認定した上で、行政がある事柄についての説明義務を負っているかどうかは、説明義務を規定する法令の有無、当該事柄の内容・性質、住民と行政の相談・交渉の経緯等の具体的事情を総合して判断すべきであるが、本件割引制度のような民間企業の制度等に関する情報提供義務を定めた法令は見当たらないとして、担当職員の説明義務を否定するものであった。

Aさんは上告した。上告裁判所は、控訴審判決を破棄して、差し戻すという、再度逆転する判決を言い渡した（東京高判平成21年9月30日判時2059号68頁、判タ1309号98頁）。

上告審判決の理由は、「身体障害者が介護者の介護を受けて鉄道・バスに乗車する際介護者にも運賃割引制度がある旨の情報は、身体障害者福祉法9条4項2号にいう『身体障害者の福祉に関し、必要な情報』に当たるから、市の担当者がこれを教えなかったことは、情報提供義務違反になる」というものであった。「民間企業の制度だから担当職員は介護割引を教えなくてもよい」とはいえないのだ。

❖ 再逆転の上告審判決に込められたメッセージ

上告審判決は、身体障害者の移動の自由について、原理的な観点から基礎づけた上、身体障害者・介護者の鉄道・バス運賃の割引制度の趣旨を考察し、関係法令を解釈して、身体障害者福祉法の目的・理念の具体化の仕方を明らかにした。つまり、人が社会生活を営む上で移動することは重要であるから、移動の自由の保障は、憲

法13条の一内容というべきものと解した。そして、身体障害者は、健常者と異なり、程度の差こそあるものの移動の自由が損なわれているから、身体障害者にとっての移動の自由は、健常者より以上に、その自立を図り、生活圏を拡大し、社会経済活動への参加を促進するという観点から、大きな意義がある。そうであるからこそ、身体障害者に移動の自由を制度的に保障することはその福祉増進に資するものとして、政策的に支援することが求められる。

　上告審判決は、Aさんの問題提起に応えて、社会に対して、明確なメッセージを発したのである。とりわけ、自治体とその職員は、この上告審判決から、身体障害者福祉関係事務に当たっては、事務的・機械的な対応ではなく、関係法令の目的・理念に配慮した思いやりある姿勢が要請されていることを学ぶべきであろう。

　Aさん側に『障がい者のてびき』が交付されたかどうかには争いがあったが、この冊子には「JR（鉄道・バス）・私鉄（鉄道）の運賃の割引」という欄に、「第１種身体障害者（介護付）五割」と記載がされていた。しかし、この記載からは、介護者に５割の運賃割引があることを読み取ることは難しい。現在の版の『障がい者のてびき』には、運賃割引制度について紛れのない形で記載されている。したがって、今後は本件のような形では、問題になることはないであろうが、Aさんが訴えたかった事柄はわれわれの社会で息長く進められるべき課題であり続けるように思う。

36 債務免脱との戦い

　民事訴訟で、裁判所が判決を言い渡しても、これに従わず、勝訴者の権利実現を妨害する例がある。およそ制度としての訴訟は、裁判所が判決を言い渡し確定すれば、当事者としては、意に沿わないものでも、これに服するのが基本的な約束事である。しかし、世間には、この基本ルールを搔(か)いくぐろうとする当事者がいる。

❖ 倒産により債務から逃げきろうとする会社と同族役員

　甲さんは、外国人向けの日本語教室や日本語講師養成講座を開いて営業するA社に雇用されたが、1年3カ月後に解雇された。甲さんは、不当解雇であるとして争い、A社に対し、雇用契約上の地位の確認、解雇後の賃金支払いを請求する民事訴訟を提起した（第1次訴訟）。裁判所は、甲さんの請求を認容する判決を言い渡したが、A社は判決の5カ月前に事実上倒産した。そのため、甲さんの職場復帰はかなわず、未払賃金の回収もできなくなってしまった。

　A社には、関連会社として、日本語教育に関する書籍の出版を目的とするB社と日本語教育に関する新聞の発行を目的とするC社があった。3社とも、本店所在地は同一で、同じビルに入っている。そして、乙一族がグループ会社全体の経営権・人事権を握っていた。A社は、甲さんを解雇した前後の時期から、次第に業績が悪化し、従業員の給料の未払いが生じ、未払賃金の支払いを求める訴訟が多数起こされた。倒産直前には、累積未払賃金総額は実に1億円

近くになっていた。

甲さんとその弁護士の調査によって、A社は倒産する前にB社とC社に資産や営業を移していることが判明した。その手口は、A社がB社に業務を委託し、委託費名目で多額の金銭の支払いをし、A社が持っている受講生に関するデータをB社に無償譲渡するというものだ。また、A社の行っていた日本語教師養成講座の業務を受講生ともどもC社に移管した上、A社の本店として賃貸していたビルの賃借権と保証金返還請求権をC社に承継させたのだ。その結果、A社が倒産した後も、B社・C社で実質的には従前と同一の事業を継続している始末である。

経営に行き詰まった企業が営業譲渡をすることは世上みられるが、本件では、従業員の賃金を支払わない一方で、グループ会社に資産を移転しているのが特徴的である。そこで、甲さんは、法人格濫用を理由として、今度は、①B社を被告として、雇用契約上の地位の確認、解雇後の賃金支払いを請求し、さらに、②取締役である乙一族とC社を被告として損害賠償請求訴訟を提起した（第2次訴訟）。

一審裁判所は、①B社に対する請求を認めたが、②乙一族とC社に対する損害賠償請求は棄却した。ところが、またしても、B社は判決言渡日の前後に事実上倒産してしまったのだ。

甲さんは、手間と費用と時間をかけて民事訴訟に取り組み、2度にわたって勝訴した。第1次訴訟では、A社に対する雇用契約上の地位確認請求と賃金支払請求を認容した判決を得たし、第2次訴訟でも、B社に対して同様の判決を得た。それにもかかわらず、A社・B社の倒産により、文字どおり判決が絵に描いた餅になり、何も得ることができずじまいになったのである。

甲さんは、呆(あき)れ果てたが、乙一族の無責任かつ理不尽な仕打ちに一矢報いたいと、気持ちを立て直した。そこで、乙一族の個人責任とC社に対する損害賠償請求を何とか裁判所に認めてもらおうと考え、控訴したのである。

　すると、今度は、C社ばかりか、乙一族3人のうちの二人が破産手続開始を申し立てた。そして、いずれも破産手続が開始され、配当もなく終了した。乙一族の中心人物は控訴後に行方をくらまし、公示送達により手続が進められた。

　甲さんは、事ここに至って、A・B・Cの3社は倒産することにより甲さんの権利実現を妨害し、債務を免脱したのだと確信した。乙一族も同様に破産手続を介することにより、逃げきろうと考えている。ただ一人破産手続開始を申し立てることをせずに行方をくらましている人物が、財産を隠匿しているのではなかろうか。甲さんは、腹を括って控訴審での審理に臨み、乙一族によるグループ会社の倒産劇の持つ悪辣(あくらつ)な意図・目的を立証することに力を注いだ。

　その結果、控訴審では、A社は甲さんほかの債権者に対して負担する多額の債務を免れる目的で、B社・C社に営業等を承継させた上で自社を倒産させたものであると認定され、こうしたやり方は法形式こそ整えているが、全体としてみると違法であると評価された。そして、この企みは意図的なものであり、乙一族の面々は、債権者の正当な権利実現を妨害したものとして故意による不法行為を構成すると判断された。つまり、乙一族は、破産手続において免責決定を得たとしても、免責されない債務を甲さんに対して負うと判断されたのである。

　甲さんは、控訴審判決をもって、草の根を分けてでも、乙一族の面々を探し当て、債権を回収しようと意気込んでいる。まだ先のあ

ユニット3　個別事件からみる法と社会

る話であるが、とりあえず権利実現の道筋は付けられたのである。

❖ 訴訟提起から判決までのタイムラグを埋める方法

　甲さんが体験したのは、意図的な強制執行免脱であった。しかし、民事訴訟で勝訴判決を得ても、権利を実現することができない例はほかにもみられる。例えば、民事訴訟を提起した時点では、相当額の預貯金を持っていたとしても、使われてしまえば、債権執行は空振りに終わる。土地売買を請求原因として土地所有権移転登記請求訴訟を起こし、勝訴判決を得ても、その間に売却されてしまえば執行することはできない。

　甲さんは、不屈の精神で理不尽な事態を乗り越えたが、こうしたことを招かない方法はないものか。民事訴訟を提起してから判決を得るまでのタイムラグにより生ずるリスクは、どのように回避したらよいのか。

　そうしたリスクに対応するために設けられているのが、民事保全手続である。債権者は仮差押えや仮処分をかけておくことにより、債務者に預貯金が使われたり、隠匿されたり、不動産が売られてしまうことを未然に防ぐことができるのである。

　甲さんも、会社財産に仮差押えをしておけば、こうした事態を回避することができた。仮差押えには保証金が必要とされるから、隘路はあるが、何としても民事保全手続をうまく活用することを考えるべきであったと惜しまれるのである。

37　裁判所構内で詐欺

　あなたは、いつもは絶対しないのに、たまたま酒気帯び運転をしてしまった。

　そうした時に限って取り締まりに引っ掛かってしまい、警察官に交通切符を切られて「〇月〇日〇時に〇〇簡易裁判所内交通分室に出頭するように」と告げられた。

　心配で、どのようになるのかを知人の弁護士に尋ねたところ、「それは、交通略式手続ですから罰金で済みます」という説明を受けた。

　指定された日時に指定された場所に出向くと、まず警察官から事情聴取を受け、その後検察官に同じく事情を聴取される。

　その結果に基づき検察官が簡易裁判所に略式起訴をし、簡裁判事が略式命令（罰金）を発する。略式命令を受けたあなたは、窓口で検察庁に対し罰金を納めるという手順で、手続が進行する。多くの簡易裁判所では、こうした手続を、警察、検察庁、裁判所の三者が裁判所内に集まって実施し、交通違反者が1度で、かつ1カ所で罰金を納付するところまで、できるようにしているのである。

　あなたが指定された簡易裁判所に出かけ、玄関に出ていた「交通分室」という矢印の方向に行こうとしていたところ、1階ロビーで、裁判所職員とおぼしき男性から、「酒気帯びで裁判に来た方ですか。今日は人数が多いので、2階に案内します」と告げられた。そして、2階の「当事者待合室」に案内され、そこで、交通違反切符の提示を求められた。その職員は「異議がなければ交通違反切符

のこの欄に署名して、印鑑を押してください」というので、あなたは署名・押印した。すると、彼は、これを持ち、「裁判官に罰金額を確認してきます」と言って、その部屋を離れ、数分で戻り、「罰金は30万円です。今払えますか」と聞いた。あなたは、お金を余分に持ってきていて、払える金額であったので、30万円を渡すと、彼は「講習があるので、このままお待ちください」と言い残して立ち去った。

　あなたの後にも、同じように、この部屋に案内され、罰金を払っている人が4人続いたが、なかなか講習は始まらなかった。

　皆がしびれを切らしそうになったときに、待機している女性の携帯電話が鳴った。家族からで、「警察官から『裁判所に出頭していないが、どうしたのか』と問い合わせの電話がきたが、どこにいるのか」という内容であった。

　「私は、今裁判所にいるのよ」と女性が応え、しかし、家族は「でも、来てはいないという電話があったんだよ」というやり取りを経て、これはおかしいと大騒ぎになった。

　先ほどこの部屋に案内し、罰金を徴収したのは、なんとニセの職員であったのだ。

　道路交通法違反の略式手続は、1階にある簡易裁判所の「交通分室」で行われるのであるが、5人が案内された2階の「当事者待合室」は、地方裁判所で行われる訴訟の当事者や弁護士などの関係者待合室で、出入り自由の部屋であった。

　あなたは、それを聞いて仰天する。「裁判所職員を装って裁判所構内で罰金を騙し取ろうという人間が、果たして現実にいるのか」と。しかし、これは、平成16年9月、ある地方都市の裁判所で起こった実際の出来事なのである。

❖ ……… 裁判所のみならず警察、検察庁をも愚弄(ぐろう)する犯行

　訴訟の審理は、刑事訴訟はもちろん、民事訴訟でも公開の法廷で行われる。地方裁判所も簡易裁判所も同じである。したがって、裁判所は、誰でも自由に出入りすることができる。稀(まれ)に、特殊な事件について、法廷に入廷する際、傍聴人に金属探知機のゲートをくぐってもらうことがあるが、それは危害発生の未然防止を図ることが必要な例外ケースである。だから、裁判所の廊下は、極端に言えば町中の公道に近いのである。

　また、こともあろうに裁判所構内で詐欺を働こうとする大胆不敵な悪者はいないであろうと普通は考える。裁判所を舞台にした罰金詐欺事件は、こうした盲点を突かれたのである。

　しかし、この詐欺犯は、裁判所ばかりでなく、警察、検察庁をも愚弄する不届者である。警察が、手がかりは薄いが、何としても検挙しなければならないと奮起したのは当然である。

　さらに、5人の被害者は、本来の交通略式手続を受けておらず、正規の罰金も払っていないことになるが、これをどうするかという問題も発生した。検察庁は、被害にあった5人の道路交通法違反の罪について、起訴猶予処分とする対応をした。5人には前科はなく、財産的被害を受けていること、被害のあったことに大きな落ち度がないことなどを考慮した救済措置である。これで、彼らは、罰金の二重払いは免れることになった。

　裁判所は、いち早く再発防止策に着手した。事件の発生と注意を呼びかける文書を掲示したほか、「交通分室」への案内表示板を増設し、交通略式手続を担当する職員には一目でそれとわかる腕章を着用させることにした。

さらに、職員に対して、廊下で行き先がわからず困っている人を見かけたら、声をかけ、場合により案内すること、逆に、不審者を見かけたときは、誰何(すいか)し、関係部署に通報することが徹底された。近時の裁判所は、「利用しやすい、開かれた裁判所」を目指してきたが、不審者チェックをすることは、そうした流れに逆行する嫌いがあり、悩ましいが、やむを得ない。

　問題の詐欺犯の行方は、その後どうなったか。その大胆な手口から、同種の犯罪をしているのではと疑われたが、事件から３カ月後に、50歳代の男が、「酒気帯び運転をもみ消すと持ちかけ、現金を騙し取った」容疑で逮捕された。

　この詐欺は、居酒屋を経営する女将が、常連客として出入りしていた男に、道路交通法違反で検挙されたことを相談した際に、男は「警察署に同級生の課長がいるから、もみ消せるかどうか聞いてやる」「罰金は25万円から30万円くらい取られるらしい。課長を含め３人に５万円ずつで15万円だべな」と話し、女将から現金15万円を騙し取ったというものである。道交法違反がらみ、刑事司法がらみの詐欺という点で、罰金納付詐欺に似たところがある。そして、この男が、警察官の追及により、ついに、裁判所構内詐欺についても自供を始めたのである。

　男は、裁判所構内罰金納付詐欺（被害額合計125万円）と、もみ消し詐欺（被害額15万円）の両方の公訴事実で起訴された。さらに男には、過去に実刑になった前科が２件あり、今回の事件では、懲役３年６カ月の実刑判決が下された（求刑は懲役５年）。

　しかも、男はパチンコ屋で知り合った女性と同棲していたが、偽名を使い、職業は刑務官と名乗っていたという。

ユニット 4

民事司法を考える

38 利用者調査から民事訴訟の運営のあり方を考える

　民事訴訟を運営する裁判官としては、民事訴訟の利用者がどのような動機で訴訟を起こそうとしたのか、民事訴訟の当事者としての経験を通じて制度や手続をどのように評価したのか、何に不満を感じたのか、実際のところを知りたい。そこで、知人の弁護士に尋ねたり、企業の法務部の友人から話を聞いたりする。そうした経験談ももちろん参考になるが、部分的なものであることは否めない。

　より広範囲で、実証的な調査データがあると、現代社会の中で民事訴訟制度やその手続運営をどのようにしていくのがよいかを議論する上での基礎になる。さらに、民事訴訟の利用者の意見・意識を汲み取って、制度や手続の改革・改善に反映させていくことが可能になる。もっとも、そうした実態調査には時間と費用がかかるし、企画も相当に練る必要があり、現実には難しい面もあった。

　実は、こうしたニーズに応える実証的研究がある。早稲田大学（当時、名古屋大学）の菅原郁夫教授が行っている民事訴訟利用者調査がそれである。

　これは、①民事訴訟の利用者について訴訟制度の評価を明らかにすること、②利用者の評価が一体いかなる形でもたらされたのか、その評価が導かれた理由やその判断の構造を明らかにすることを狙いとしている。

　そのために、この調査では、訴訟に至る経緯、訴訟を利用した動機、訴訟過程と結果の評価、その訴訟過程に関与した弁護士、裁判官・裁判所職員に対する評価、訴訟制度全般に対する評価につい

て、詳細な質問を設定して利用者に尋ねている。

これまでに、平成12年の司法制度改革審議会の審議の際に行われた面接調査と平成18年、23年に実施されたアンケート調査の結果が公表されている。そこには、いくつかの興味深い結果がみられる。

❖ 審理期間は確実に短くなっているのに、なぜ不満が出るのか

民事訴訟に対する批判の多くは、時間がかかりすぎるというものだ。

しかし、実は統計的には、地方裁判所の民事訴訟一審事件の平均審理期間は、平成元年に12.4カ月と1年を超えていたのが、平成18年では8カ月を切り7.8カ月になり、それが、翌年の平成19年には6.8カ月になっている(平成24年は、7.8カ月)。訴訟法に定められた手続をこなすために必要な時間を考えると、このあたりがギリギリのところだ。

関連する利用者調査によると、紛争が起こってから民事訴訟に至るまでの期間が意外に長いという結果が出ている。訴訟前の期間について、1年以下(27パーセント)のグループもみられるものの、最も多いのは、1～2年(39.4パーセント)であり、8年以上(11.5パーセント)のものもある。当事者の意識としては、おそらく、紛争が起こったときから解決するまでのスパンで時間を捉えることになる。そうすると、当然のことながら実際の審理期間以上に長く感じ、それが民事訴訟は長くかかるというイメージにつながっている面もあるかもしれない。もっとも、利用者は「期日と期日との間が長い(と感じる)」という結果も出ており、弁護士が多忙で都合のつく期日が遠くなるということがあるとすれば、この点は、改善の

余地があろう。

　また、訴訟に要する時間の感じ方は、裁判利用者に対して「標準的なケースであればこの程度の時間がかかる」という情報が与えられているかどうかで、違ってくるように思う。利用者が訴訟にはどのような作業が必要で、どの程度時間を要するかを知らなければ、本来得られない「的外れ」の不満を発生させることになりかねない。これに対し、適切な情報が付与されていれば、標準的なケースと比較して自分の事件にかけられた時間の評価が容易になるはずだ。

　利用者調査によると、裁判官に対する印象や訴訟過程の評価と、訴訟結果の有利不利との間に、かなり関連性がある。これは、敗訴者は訴訟制度を高く評価しないということで、人情としては当然だ。しかし、自分に有利な結果が出ていても満足度が必ずしも高くないというデータもある。客観的にみるといい結果を得ているのに、評価の満足度が上がらないのはなぜか。この点は、紛争当事者として裁判制度を利用しなければならないような自分の置かれた状況そのものが、利用者としては不本意であり、そうした思いがベースにあるため、客観的によい結果を得ても、満足できないと回答するのではなかろうか。

　また、現行の法律それ自体が自分の考えとは違うという見方を持つ利用者からすると、その法適用の結果をもたらす裁判手続や制度についても、もちろん不満だということになるだろう。

　面白いのは、利用者調査によると、制度の評価について、弁護士を依頼した当事者よりも、弁護士を依頼せず本人で対応した当事者の方が「民事訴訟は利用しやすい」と答えていることである。この結果は、民事訴訟を利用しやすいと思っていない当事者は、そのために弁護士を頼むことが多いことによるものではないかと思う。弁

護士を頼んだから利用しにくくなったのではなく、初めから自分では民事訴訟手続を追行することは無理だ（民事訴訟は利用しにくい）と思っているので、弁護士に依頼しているのではなかろうか。

裁判官の評価ポイントは、利用者調査によると、「裁判官がよく話を聞くこと」である。これが、利用者のよい印象につながっている。

それでは、裁判官がよく話を聞くこととは、どういうことか。

❖ 民事訴訟の高評価を得るには裁判官のあり方がカギ

民事訴訟手続は、その構造上、当事者に主張・反論・証拠調べの機会を保障している。したがって、手続上、当事者は言うべきことは言うことができ、裁判官はそれを聞くことができるはずである。そうした中で、裁判官がよく話を聞くということの中身を考えると、例えば、①利用者が自分の肉声を裁判官に聞いてもらうこと、②自分の言い分が、判決や和解などで聞き入れられたということ、③弁論期日において、実質的な口頭主義的なやり取りをすること、④弁論準備手続期日において、膝詰めで得心がいくまで議論をすることなどが考えられる。

裁判官は中立性を保ち、信頼性を維持しながら審理をしていくことを要請されるから、当事者に対しては、どちらにも偏らない、したがってどちらにもフレンドリーとは感じられない姿勢を取ることになりやすい。したがって、裁判官が現状のスタンスを維持したままでは、なかなか当事者の満足度は上がり難いであろう。満足度をアップさせるためには、裁判官が中立公正性を保ちながら、当事者と有効なコミュニケーションを図っていくことがカギとなるように思う。

39 新民事訴訟法で法律実務家は健康になったか

　現行民事訴訟法は、平成8年に全面改正され、平成10年から施行されている。施行当初は「新民事訴訟法」と呼ばれてきたこの法律も、10年を超える時を経た。現行民事訴訟法の特色は、「争点中心審理」を採用していることだ。

　「争点中心審理」とは、一言で言えば、できるだけスピーディーに紛争の全体像を押さえて、事件の振分けを行い、裁判所と当事者および訴訟代理人とが協働して、的確な争点整理を行って、争点を解明する最良の証拠を提出し、証拠調べを集中的に実施するという審理モデルのことである。

　従来は、証人尋問や本人尋問などの証拠調べは、何人かを1期日に一人ずつ、1、2カ月おきに行っていた。こうした五月雨式を止めて、1期日で複数の証人や本人の尋問をまとめて行うのが「集中証拠調べ」である。これが実施されるようになって、審理の様相がドラスティックに変わった。

　東京地裁時代に、2日間続けて20人の証人尋問と本人尋問を行ったことがある。マンション購入者が、その売主と販売を仲介した業者を訴えた事件である。

❖ 従来型では1年から1年半かかる尋問が2日目で終了

　そのマンションは、第2種住居専用地域に建てられた9階建ての建物で、販売時には、南側には3階建ての倉庫しか建っていなかっ

た。絶好の眺望をセールスポイントにし、購入を検討している顧客向けの眺望確認会なども開催された。購入者は、販売担当者から、「南側の倉庫は新しいので、しばらくは建替えの可能性はないと思います」「南側の土地には、高い建物は建たないでしょう」という説明を聞かされていた。

ところが、そのマンションの分譲が終わってほどなく、倉庫が収去され8階建ての別のマンションが建設されてしまった。そのため、眺望が悪くなったばかりか、通風、日照についても快適さがぐんと低下した。そこで、購入者のうち16人が、その売主と販売仲介業者を被告にして説明義務違反に基づく損害賠償請求をした。

このケースの争点は、「マンション販売の際に実際にどのような説明がされたか」である。この争点を明らかにするため、当事者双方と協議をし、原告側は1戸一人の原告本人の尋問、被告側は、それぞれの販売担当者を証人として尋問することにした。尋問予定者は20人を数えたが、原告と対応する販売担当者をペアにして2グループに分け、2日間連続し、昼休みの時間を除いて午前10時から午後5時までかけ、尋問を終えた。

これを従来型の五月雨式の証拠調べで行うと、8期日から10期日必要となり、それだけで1年から1年半かかることになりかねない。それを2日間で行ったのであるから、頗る効率的であったと言える。そればかりでなく、要領がよく、核心を突いた内容の濃い尋問が展開された結果、トータルの尋問所要時間も短縮された。また争点に関する心証も形成しやすいと感じた。

そこで、今度は、通常の民事訴訟事件ではなく、専門性の高い医療事故訴訟に関しても、医師4人の証人を2期日で尋問することを試みた。

❖ ……… 専門的な医療事故訴訟でもよい結果をもたらした

　被告大学病院に入院した患者A氏は椎間板ヘルニアと診断され、放置すると下半身不随になるとして手術を勧められ、頸椎脊椎管除圧・前方固定手術を受けた。手術後A氏は、いったん意識を回復し、家族らに「手術は成功した」と伝えられたが、その日のうちにA氏は呼吸停止状態に陥り、救命措置を施したが甲斐なく、1週間後に低酸素脳症により死亡した。そこで、遺族が大学病院を被告にして、損害賠償請求をした。

　このケースの争点は、「被告病院の担当医師らにA氏の呼吸困難・呼吸停止の徴候が表れた際、すぐに気管内送管に着手する義務があるのに、これに違反する過失があったか」である。これを解明するために、午前10時30分から午後5時まで、手術を担当した医師からA氏の容態が急変してから対応した医師まで合わせて4人の証人尋問を行い、終了した。

　従来の証拠調べでは、このような医療事故訴訟については、反対尋問は、主尋問の尋問調書ができ、それを検討した後に行うという希望が出され、別の期日に実施することが珍しくなかった。それを思うと、まさに隔世の感がある。そうしたことから、関心を持った法社会学者が、この事件の集中証拠調べの傍聴記を書かれている（菅原郁夫「新民事訴訟法における審理の実像」加藤新太郎編『民事訴訟審理』468頁〈判例タイムズ社、2000年〉）。

　集中証拠調べを成功させるためには、原告・被告双方の訴訟代理人の弁護士と裁判官とが、証拠調べに入る前に事案をよく咀嚼し、争点について認識を共通にすることが必要である。そして、尋問予定者の陳述書を提出してもらい、弁護士が周到な尋問準備をし

て臨むことが不可欠である。

集中証拠調べがうまくできれば、双方ともやるだけのことはやったという達成感があるし、事案解明に大きな効用があり、関与者全員が結論の見通しをきちんと持てるようになる。その結果、証拠調べ終了後、和解で解決することが多くなる。先に挙げた二つの事件も、いずれも和解が成立している。

❖ ………「集中証拠調べ」は健康の敵か

このようにみると、集中証拠調べはよいことづくめに思われるが、難点があるとすれば、大変疲れることだ。

弁護士は緊張感を維持して、長い時間尋問しなければならないし、裁判官も精神を集中してリアルタイムで尋問内容を吟味しつつ、聴かなければならない。訴訟に関与する者全員が疲労するのだ。

そう考えると、集中証拠調べは健康の敵であるとも言える。

あるとき、私は、現行民事訴訟法の立法に関与したF裁判官に、「集中証拠調べは体によくない。健康の敵ではないか」とクレームをつけたことがある。F氏は「それは違いますよ。集中証拠調べが体によくないのではありません。健康でなければ集中証拠調べはできないのですよ」と応酬してきた。

なるほど、集中証拠調べが浸透することにより、法律実務家は、体調を良好に保ち、精神の健全性を維持しようということになるかもしれない。そうすると、集中証拠調べは、民事訴訟の質を高めるだけではなく、法律実務家の健康度を向上させる契機となる可能性がある。

民事訴訟法が施行されて以降、果たして法律実務家は健康になったのだろうか。

40 弁論準備手続の緊張と緩和

　民事訴訟が起こされても、事実には争いがないことがある。貸金請求訴訟の被告が「金を借り、弁済期に払っていないことは事実だが、分割払いにしてもらえないか」という構えをみせる場合には、裁判所は、口頭弁論を終結し、判決言渡しができる状態にした上で、和解を試みるのが普通だ。原告も、被告の懐具合に得心がいけば、「和解でも結構」となることが多い。

　原告の主張する事実を被告が「それは違う」と否認した場合には、争われた事実は証拠によって証明されることが必要になる。民事訴訟は、請求権の発生を導く事実を証明することができるかどうかで勝敗の帰趨(きすう)が決まるからだ。そこで、当事者間に事実の争いがある場合には、裁判所は、争点および証拠の整理（争点整理）をし、その上で証拠調べをしていくことになる。

❖ ざっくばらんに話ができる手続 しかし弁護士にとっては……

　現行の民事訴訟法では、争点整理を法廷ですること以外に、別の個室で行うこともできる。これが当事者の意見を聴取した上で行われる弁論準備手続である。弁論準備期日では、法廷でのやや格式ばったやり取りではなく、インフォーマルな膝(ひざ)を交えた雰囲気の中で意見交換がされる。法廷とは違って、原則として非公開であるから、周囲の目を気にすることなく突っ込んだ議論をすることができる。さらに、当事者の一方が裁判所に出頭しなくても、電話会議シ

ステムを利用して実施することもできるため、大変便利だ。そのため、現在では、争点整理が必要な場合には、ほとんどの事件で弁論準備手続が活用されている。

弁論準備手続では、時間は30分から1時間ほど充てられる。裁判官がホワイトボードを使って議論を整理することもある。少人数の会議をイメージすればよい。

「原告がAの保証人を被告として、保証契約に基づく履行請求をした場合に、被告が保証契約の成否および効力を争ったケース」の弁論準備手続は、どう進行するか。この場合には、原告の主張として、①被告本人が保証契約を締結した、②Aが被告の代理人として保証契約を締結した、③表見代理の構成による、④被告が事後的に追認した、というものが考えられ、論理的にはいずれも争点になり得る。こうしたときに、弁論準備期日では、当事者双方の具体的な主張・反論などの争い方との関連において、あるいは、提出できる証拠資料との関連において、争点の範囲を絞っていく（争点の範囲の縮小・限定）。

このケースで、被告本人が保証契約を締結したと主張が絞られた場合には、さらに認定の決め手となるポイントを具体化していく。例えば、①被告は契約当日に契約したとされる場所には行っていない（その時刻には別の場所にいた）、②保証契約書に押捺されている印影は、被告の印鑑によるものではない、といったポイントを浮き彫りにしていくのだ（争点の深化・展開）。

つまり、弁論準備手続では、双方の具体的な争い方との関連や証拠資料との関連をよく考えて、争点を絞り深めて、証拠調べにおける証明テーマを決定するのである。したがって、弁論準備手続では、当事者にとっては、勝訴するため何でも主張しておこうという

保身的作戦は認められない。総花的主張に見切りをつけ、どこで勝負を決するかの腹決めをする場である。そのため、裁判官と弁護士とのやり取り、弁護士相互のやり取りは緊張感に満ちたものになる。

弁護士としては、争点事実およびその前後の事実経過をいかに詳細に把握しているかが勝負どころであり、その事実の意味合い、どの証拠で証明するか、その証拠価値をどの程度のものと考えるかなど、裁判官の質問に対して適時・適切に対応することが必要になる。裁判官も、ピンボケの質問をすれば、「事件がわかっていない」ことが一目瞭然になるから、事前に記録を読み込み、事件を十分咀嚼しておくことが要請される。

このように、弁論準備手続では、特定の事件を対象にして議論するため、争いの内容がよく理解できる。そればかりでなく、裁判官の力量や双方の弁護士の力量がお互いにわかってしまう怖い面がある。それを避けようとすると、期日では即答せず、「次回、準備書面で答えます」という対応に逃げ込むことになるが、それが許されないのが、弁論準備手続なのである。

❖ はりつめた空気を変えた裁判官の一言

弁論準備手続はメリットも大きい。弁護士にとっても、弱点がわかるし、裁判官の理解不足が判明すれば、説明を重ねることができる。裁判官にとっても、証拠との関連で事実の疑問点を具体的に直接尋ねられるから、事案の理解がしやすい。その結果、関与者すべてにとって、結論の見通しが立ちやすくなるのである。実際にも、弁論準備手続を終え、証人尋問に入る前に和解ができることが少なくない。

裁判官と弁護士が余裕あるコミュニケーションを図れることも、弁論準備手続の余録だ。いくつか事例を挙げよう。

【その1】　裁判官が、やり取りが一段落した際、「弁護士にとって、早く終わることができる案件は、どのようなものですか」と尋ねたところ、双方の弁護士から、「それは自分が得意な分野の案件です」との返事。そこで、裁判官が「この件はお得意ですか」と軽口で応じると、笑いが起こり、そのケースは、最短の時間で争点整理ができ、一気に和解まで進んだ。

【その2】　当事者の先代の法事に関して、陳述書に「七七忌」とあった。A弁護士が、「この宗派では、77日で法事をするんですかね」と発言したが、B弁護士は素っ気なく「七七＝四九日のことですよ」。赤面するA弁護士を労わろうと、裁判官曰く「仏教では人が亡くなり、次の生を受けるまでが四九日で、それを中陰と呼ぶと古文で昔習った記憶がありますよ」。すると、双方とも「へーそうですか」と場が和み、これも、和解が成立した。

【その3】　中華民国（台湾）の結婚証明書が書証で出てきた。その翻訳文によると、結婚の立会人は「とこしえに、実直で人情深く夫婦仲むつまじく、百年、歳老いるまで共に暮らすこと」を証明するとある。裁判官は、これを見て、一青窈が『ハナミズキ』で、「君と好きな人が100年続きますように」という願いを歌い上げていることを思い出し、双方の弁護士に告げた。しかし、「それどころではない」事件であったため、哀れにも貴重な発見は黙殺された。

41 残念な陳述書

　民事訴訟の審理の中で、証人尋問や当事者本人尋問にかかる時間が短くなってきている。それは、尋問の前に、書証として陳述書が提出されるプラクティスが定着してきているからである。

❖ 陳述書の成否を分かつもの

　陳述書とは、当事者本人または証人になる第三者の体験・見聞した事実に関する供述が記載された文書のことである。そして、証人尋問や当事者本人尋問において、主尋問の内容の相当部分を陳述書をもって代え、効果的な尋問を実施するというやり方が一般的になっている。具体的には、実質的には争いがない形式的争点事項については可能な限り陳述書の記載に譲り、主尋問を省略し、争いのない、道行の部分については訴訟代理人が短く要約して確認的な誘導尋問をした上で、それに続く主要事実あるいは重要な間接事実などの実質的争点事項に重点を置いて主尋問をするのである。

　このような手法は、尋問時間の合理的配分を図る上で有用だ。特に、経理関係の帳簿、医師のカルテなど専門的・技術的事項の説明、証人の経歴、事件の歴史的背景等については、陳述書を利用することによって効率的な訴訟運営を図ることができる。

　そうしたプラクティスの下では、裁判官は、尋問前に陳述書を読むことになるから、当事者としては、説得力のある陳述書を提出することが大事になる。ただ、単に自分の言いたいことを書き連ねればよいというものではない。また、過度に感情的になったり、口を

極めて相手方を非難・攻撃することも良し悪しである。その論拠が薄弱である場合には、かえってマイナスになるからだ。

陳述書は、自らの体験・見聞した、そのケースで証明対象となる具体的事実を記述することが基本である。実際に体験した者しか書けないような迫真性を伴う陳述書が提出されていれば、尋問前から1歩リードしている状態にもなる。しかし、そうでない、残念な陳述書も少なくない。

❖……… 残念な陳述書

X（女性）からY（男性）に対する婚約不履行による損害賠償請求訴訟において、Yから暴力を振るわれたことが決定的な破綻（はたん）要因になったと主張された。Yは、Xが主張するような暴力を振るったことを否認した。

Xの提出した陳述書は、「その暴力の内容は、Yがマンションの居室の中でテーブルをひっくり返した、テーブルの上に置いてあったCDや雑誌を投げつけられた」「自分は翌朝、愛想を尽かしてマンションから出ていった」というものであった。XとYとは遠距離恋愛をしていて、交際期間も長い。双方ともようやく結婚を決意して、Xは勤務先を辞めて上京してきていたのにもかかわらず、この一夜の喧嘩（けんか）で、婚約を解消する結末を迎えたというのであるから、ここでの出来事がどのようなものかは極めて重要である。

裁判官は、この陳述書を読んで、Xの体験した出来事が迫真性を伴う形で裏づけられてはいないと直感した。言い争いはあったとみられるが、果たして暴力行為はあったのか。通り一遍の平板な記述で、語られるべき事項が欠けている。では、何が欠けているのか。

第1に、Yはテーブルをひっくり返すほど暴れたというが、ひっ

くり返したというテーブルは、どのくらいの大きさか、ひっくり返したときに何が乗っていたか。テーブルの上に乗っていたものがあったとすれば、その周囲はひどい有り様になったはずであるが、その惨状はどのようなものであったか。

第2に、Xは翌朝マンションから出ていったというが、ひっくり返したというテーブルはどうなったのか。誰かが片付けていたのか、そのままにしていたのか。

第3に、XはYからCDや雑誌を投げつけられたというが、よけることができたのか、体に当たったのか。体に当たったとしたら、痛かったのか、ケガをしたのか、それほどではなかったのか。

第4に、Xが投げつけられたCDをよけたとしたら、壁に当たったのか、床に当たったのか。壁や床に当たったとしたら、傷がついたのか、つかなかったのか。

以上のような事項が具体的に記載されていない陳述書は、作文に等しい。

もっとも、そうした細部について、本人尋問でXに語らせる戦術も想定され、それも効果的な場合がある。しかし、この案件では、陳述書を漫然となぞるような主尋問しかされなかった。これではまずい。

このような場合には、Y側の弁護士は、どのように対応すべきであろうか。

まず、Yの言い分と突き合わせる形で、陳述書の真偽を点検する。そうすることにより、①Xの言い分が全くの虚構である場合、②感情的な表現をうまく用いて誇張している場合、③具体的な記述を曖昧にして誇張している場合、④大筋はそのとおりであるがニュアンスが異なる場合、⑤ほぼそのとおりである場合、のいずれかで

あるかが判明する。

さらに、弁護士は、裁判官がしたように、陳述書の内容の具体性、迫真性の有無から、虚構や誇張の可能性を探る。そうすれば、前記のような、当然書かれてよい具体的な事項に触れられていないことに気づく。その上で、反対尋問で、その点を突けば、陳述書の記載を繰り返そうとするXの供述の信用性に、大きなダメージを与えることができる。

陳述書を提出する以上、残念なものになることは避けたいものだ。もっとも、上手な陳述書もみられないわけではない。

❖……… 見事な陳述書

夫から妻に自宅の所有権持分が譲渡されたことが、夫の債権者から詐害行為に当たるとして取消訴訟が提起された。妻は自分の父親から金銭の贈与を受けた特有財産を投入して自宅購入資金の一部に充てたもので、本来の持分に戻したものと反論した。

通常であれば、このような自宅の持分権譲渡は、債務免脱的な色合いが濃いケースが多い。ところが、この案件で、妻から出された陳述書には、夫があまり給料を入れてこなかった状況、実家の父親から、いくつかの時期に、援助を受けてきた具体的状況、自宅購入における資金の構成など、当人でなければ認識できない事柄が、具体的に記述されていた。その表現も、紋切り型でなく、訥々とはしているが肉声で述べられていると感じられるものであった。

これは、裁判官に、「なるほど、妻は父親から贈与を受けた金銭を購入資金の一部に充てていることは間違いなさそうだ」という心証を形成させる見事な陳述書である。

42 書かれていない判決理由

❖……… 引き出された預金

　Xは、「Y銀行のキャッシュカードを財布ともども紛失した。落としたのか、盗まれたのかは不明だが、自宅近くの交番に紛失届を出し、銀行にも知らせて預金の払戻し停止を依頼した」と言う。そして、キャッシュカードの再発行の申請手続を取り、自宅宛てに郵送してもらうことにした。ところが、何者かが郵便局に電話をして郵便物を留め置きにするよう求めた。その後、Xと名乗る者が局留めにされていた再発行キャッシュカードを取りにきたので、郵便局員は、運転免許証で本人確認をした上、これを交付した。

　Xは、自分は局留めにするよう電話をしていないし、もちろん、再発行カードを受け取ってもいないと言う。Xは、その頃、外国出張で留守にしていたが、帰国後、通帳により預金を引き出そうとしたところ、残高がゼロになってしまっていた。再発行カードが使われ、ATMから300万円余あった預金が全額引き出されていたのである。

　Xは、こうした事実を前提に、Y銀行に対し、300万円余を請求した。その根拠として、①預金契約に基づく預金返還請求権のほか、②何者かが再発行カードを局留めにした上、交付を受け、これを使って預金を引き出したのは、Y銀行の定めるキャッシュカード規定上の偽造カード等または盗難カードによる払戻しに当たるとして、補塡請求権を主張した。

民事訴訟上の争点は、①預金払戻しが、債権の準占有者に対する弁済（民法478条）として有効か、②カード規定上の偽造カード等または盗難カードによる払戻しに当たるかというものであった。

裁判所は、①の点について、判例（最判平成15年4月8日民集57巻4号337頁）に従い、一般的に、無権限者のしたATMによる預金払戻しにも、民法478条の適用はあるが、Y銀行が免責されるには、無過失であることが必要であり、それには、ATMが正しく作動したことのほか、機械払いシステムの設置管理の全体について、可能な限度で無権限者による払戻しを排除し得るよう注意義務を尽くしていたことを要すると判示した。そして、本件では、Y銀行が正規に再発行したカードが用いられ、正しい暗証番号が入力されたことを機械的に確認した上で払い戻しているから、ATMは正しく作動したと言え、このシステムは、キャッシュカードと暗証番号という二重の安全対策を設け、カードや暗証番号の管理につき顧客に注意喚起をしていたから、所要の注意義務を尽くしていたと評価することができると判示した。したがって、本件預金払戻しは、有効な弁済となる。

裁判所は、②の点について、偽造カード等とは、偽造または変造カードを言い、本件のように正規に再発行されたカードは、これに当たらないとした。また、本件再発行カードはXとの関係で盗難カードとは言えないし、警察署に被害届を提出していないから、カード規定上の補填請求権は発生していないと判示した。

結論は、Xの請求棄却である。書かれている判決理由は、法律論もその当てはめも大方の異論はないであろう。

❖ ……… 書かれなかった判決理由

しかし、裁判官は、判決に書かれた事柄よりも深いところで、この案件をみていた。Xの言い分には腑に落ちない箇所がいくつかみられたからだ。

郵便局に電話をして郵便物を留め置きにするよう求めたのは、誰なのか。Xになりすまし、局留めにされていた再発行カードを、運転免許証を示した上、交付を受けたのは誰なのか。さらに、ATMで預金を全額引き出したのは誰なのか。Xか、あるいはXの意を受けた者であれば、これを行うことは可能である。しかし、そうでないとすると、この人物は、再発行カードがXに送付されることやその時期、X宛ての郵便物が集配される郵便局がどこかをなぜ知っていたのか。暗証番号を知らなければ、ATMで預金の引出しができないのに、どうしてそれがわかったのか。

暗証番号の点については、Xは、カード内に暗証番号の情報が登載されていれば、スキミングをすれば解析できると主張した。そのとおりであるが、銀行業界では、全国銀行協会連合会から、カード偽造対策として、「カードのゼロ暗証方式」化が望ましいとの通達が出されていて、Y銀行も、発行するキャッシュカードの磁気ストライプ上に暗証番号を記録しない対応を取っていた。したがって、本件では、スキミングにより暗証番号の情報が読み取られたということはあり得ない。

本件の関係証拠を仔細にみていくと、さらに奇妙なことに気づく。

まず、この銀行口座には、数万円から数十万円の入出金が普通だったのに、1カ月ほど前から急に何百万円単位の入金がされるよ

うになり、残高も数十万円から数百万円になっていた。

　また、再発行カードの交付がされた後、直ちに預金引出しがされておらず、入金を見計ったようにタイミングよく引き出されている。カード再発行の日から時間が経てば経つほど、Ｘから銀行に問い合わせて、事が露見する蓋然性（がいぜん）が増加するというのに、これは不可解である。実際には、Ｘは海外出張をしていたようであるから、問い合わせはされなかったが、何者かは、Ｘの行動を予測していたかのような対応をみせたのである。

　さらに、Ｘはキャッシュカードを財布ともども紛失した日のことについて、準備書面では、当日の午後６時に横浜で知人と食事をし、その後深夜まで飲み屋を何軒もハシゴしたと主張していた。ところが、Ｘ本人尋問では、Ｙ銀行の訴訟代理人から書証を示されての質問に対して、当日の午後６時40分に八王子の郵便局で引出しをしたと答えた。そうすると、午後６時に横浜にいたことは怪しい。Ｘは、反対尋問に対し、従前の主張と辻褄（つじつま）の合わない答えをして、ついに襤褸（ぼろ）を出してしまったのだ。このことは、Ｘの言い分の全体の信用性にかかわり、そもそものキャッシュカードの紛失の事実についても大きな疑問符が付く。

　そうしたことからすると、本件は、預金者Ｘおよびその意を受けた者が不正払戻しを作出した上で銀行から違法な補塡を受けようとした事案である可能性が高い。これが、書かれていない判決理由である。

　きな臭い案件とすることなく、法的な論点でスマートに処理するのも、民事司法の智慧（ちえ）なのである。

43 裁判官の補充尋問が意味するもの

　民事裁判を傍聴しようとする人の多くは証人尋問が行われる場面を見ることを期待している。確かに、証人尋問・当事者本人尋問は、民事訴訟の華である。その主役は、言うまでもなく尋問して答えをうまく引き出そうとする弁護士とこれに応じる証人や本人である。しかし、裁判官も、主尋問・反対尋問が終了した後に、補充的に証人等を尋問することができる。これを補充尋問という。

　弁護士が、証人尋問を成功させたと思っていても、裁判官からの思わぬ補充質問によって形勢が逆転することがある。そうした場合に、不利になった側の弁護士から、補充尋問が不公正だと非難を浴びせられることがある。しかし、心中喝采を叫んでいる相手方弁護士は、たちどころに、「とんでもない。公正極まりない質問である」と反駁するであろう。

❖ ……… 補充尋問は何を目的としているか

　控訴理由書を読んでいたら、「裁判官が、誤った思い込みで心証を形成し、自らの心証に沿う証言を補充質問により強引に引き出した」と批判するものがあった。

　どれどれ、と記録を点検すると、そのケースは、X社とY社とが製品供給契約を継続していたところ、製品納入先である甲社の方針変更により、この契約が打ちきられた後の始末にかかわるものであった。X社は、Y社に対し、「継続的契約解消の結果、製品製作のため他から仕入れた部品が不要になったが、そのような場合に

は、Y社は部品を買い取る合意があったのに、これを履行しなかった」として損害賠償請求訴訟を提起した。

　X社は、従業員Aを証人に立て、「Y社との間で部品買取予約があったこと」を立証しようと試みた。Aは、①「同僚のBから、Y社の担当者が『Y社側が責任を持つ』と話したと聞いた」旨、②「A自身もY社の担当者から『甲社は責任を持つ会社ですから』と聞いた」旨、③「取引が終了した場合には、先行手配した部品を発注者が買い取るのが慣習である」旨証言した。

　しかし、①は伝聞証言で信用性は乏しく、②は甲社の話でX・Y社間の合意との関係は薄い。

　これに対して、③は部品買取予約があったことを推認させる間接事実となる。そこで、裁判官は、補充質問で、そうした慣習なるものの実質的合理性を、証人Aに尋ねた。その質問は、「この部品をY社が引き取ったとしても、使いようがないのではありませんか」というものであった。経験則上、Y社で使い道のない部品について買取予約をするとは通常は考えられないから、この質問は案件の死命を制するものだ。A証人は、逡巡の末、「それはそうだと思います」と答えた。

　この裁判官の補充質問により、A証人による部品買取予約の立証は間違いなく危うくなった。しかし、尋問調書を読む限り、裁判官はAを誘導してはおらず、強引ともみえないし、Aが質問を誤解しているわけでもないようにみえる。X社の訴訟代理人としては、仮に、Aが誤った回答をしていると考えたのであれば、自身がさらに尋問をして、これを正すことも可能であった。再主尋問もしないでおいて、不利益な答えを引き出すことになった補充尋問を不公正と詰るのは筋違いではないか。

もっとも、Y社にも訴訟代理人がいるから、裁判官としては、その反対尋問に委ねてもよかったであろう。しかし、肝心の反対尋問がされなかった場合には、裁判官はどのようにすべきか。

　裁判官には、真実を解明・発見する職責があり、当事者に対する後見的役割もある。しかし、当事者双方に訴訟代理人が付いている場合に、どの程度後見的な訴訟運営をするかについては、裁判官の間でも、考え方に幅がある。当事者には自己責任があるから、弁護士は当然に裁判官に補充してもらえると期待すべきではないという割りきった議論もある。また、実際問題として、裁判官が一定の時間的制約の中で多数の事件を取り扱わなければならない状況の下では、訴訟代理人のミスをカバーしきれないという見方もある。

　当事者の尋問によっても、要証事実が曖昧なままである場合には、当該事実の有無について裁判官は心証を得られない。この場合には、裁判官としては、①そのままにしておいて、その事実を認めるに足りる証拠がないという判断をするか、②補充尋問をするか、いずれかの選択をすることになる。現状では、補充尋問をしたところで時間の無駄であると感じられる場合以外には、補充尋問をする裁判官が多数派だと思う。補充尋問は、当事者が当然尋問しておくべき事項で聞けていないところを押さえることが、その目的と考えられているからだ。

❖……補充尋問は裁判官の心証を探る格好の機会

　補充尋問の仕方としては、すでに主尋問・反対尋問が行われているから、多様であってよい。例えば、「先ほどは、云々(うんぬん)と言われましたが、それは、どのような意味ですか」というオープン・クエスチョンでもよいし、「先ほどは、云々と言われましたが、それは、

○○という意味ですか」とクローズド・クエスチョンで確認するものでもよい。さらに、「先ほどは、云々と言われましたが、それは、○○という意味ですか、それとも△△という意味ですか」と選択させる形も適切である。

補充尋問で裁判官がどのような形で、何を尋ねるかを観察していれば、裁判官の心証をうかがうことができる。練達の弁護士は、これを裁判官から送られたサインであると受け止める。

例えば、「先ほどは、云々と言われましたが、それは、○○ということからするとおかしくはないですか」という質問は、裁判官が得た心証について、それでよいかテストしているのだ。この補充尋問に対し、証人が一定の納得のできる理由をもって「おかしくはない」と説明できれば、そのテストにパスしたことになる。これに対して、証人の答えの後に、裁判官が「そんなことがあるのですかねえ」などと感想を述べたとする。訴訟代理人としては、この場合には、「この証人では、この争点は証明できていないですよ」というサインとしてキャッチすべきであろう。

裁判官は、補充尋問の結果、当事者のいずれが有利になり、不利になったとしても、普通は意に介さない。「勝つべき者に勝たせ、負けるべき者を負かすことが裁判官の使命である」と考えているからである。

裁判官のこのメンタリティは支持されるべきであると思うが、どうであろうか。

44 「調停いろはかるた」を知っていますか

　娘が幼い頃は、正月休みには家族で「かるた取り」をして遊んだものだ。当時でも、「犬も歩けば棒に当たる」という伝統的なものではなく、漫画の主人公ものが主流だったが、今どきはどうだろうか。そんな思いをめぐらせていたら、興味深い「かるた」がみつかった。

　題して「調停いろはかるた」である（日調連沿革誌編纂特別委員会編『日本調停協会連合会沿革誌』351頁〈㈶日本調停協会連合会、1993年〉）。これは、昭和28年に、日本調停協会連合会が、全国各地の調停委員協会に、調停委員や調停関係人の心得となるような「いろはかるた」を公募したものである。約6000の句が集まり、選考の末次の句が入選した。

（い）　いろいろの　もめごとはまず　調停へ

　これが入選作で、調停の対象となる紛争の幅広さをアピールしている。わが国の調停のオリジナルは、大正11年に施行された借地借家調停法であるが、現在では、広く民事事件、家事事件のもめごとを受け持っている。代替案には「居眠りは　当事者たちの　気を損ね」という句があった。現在では、当事者が話しているのに、居眠りをするような調停委員はいない。「当事者の気を損ねる」どころか、直ちに厳重に抗議されてしまう。もう一つの代替案は、「生き甲斐を　成立に知る　帰り道」という調停委員の心情を表した秀逸ものだったが、いきなり成立の話もどうかという考慮で、入選しな

かったのであろう。

ろ 論よりは　義理と人情の　話し合い

情理兼ね備えた調停が理想であるが、今どきは、義理と人情だけでは協議・調整は頓挫する。調停員にも関係人にも権利と義務の理解が必要不可欠な時代なのだ。

は 話し合い　相手に五分の　利を譲り

調停は、当事者の互譲により、条理にかない実情に即した解決を図ることが目的である。これを一句で言い表している。

に 人情の　機微に触れつつ　手際よく

ほ 本訴より　手がるで安い　話し合い

手続費用と時間が紛争解決に要するコストであるが、この点については、訴訟より調停に軍配が上がる。

へ 平和なる　家庭にもどす　家事調停

昔なら、親戚のおじさん、おばさんが夫婦喧嘩の仲裁に入ってくれたものだ。核家族化が進行して久しい現在、家事調停は新たな意義を持っている。

と 説く前に　心ゆくまで　聴いてやり

現在のカウンセリング理論でも「傾聴」は大事だとされているが、昭和28年にこれを喝破しているのは大したものではないか。

ち 調停で もつれた紐(ひも)も うまくとけ

もめごとの背後には相互の誤解や無理解の積み重ねがあり、これが解消すれば解決の道筋がみえてくる。代替案には、「調停の 委員の苦労 誰か知る」「調停の 委員なんかに 誰がした」があったが、愚痴ネタのためか不採用とされた。

り 理詰めでは 出来る調停 角が立ち

ぬ 抜き差しの ならぬ事件も 調停で

る るいのない 調停制度で 世を守る

わが国の調停制度は、最も成功したADR（裁判外紛争解決制度）として、国際的にも再評価されている。

を 押しつけの 調停すれば 無理となる

調停は合意型の解決であり、裁断型の訴訟とは異なる。当事者双方が、同じ程度に満足するか、同じ程度に不満があるような調停案がまとまりやすい。しかし、押しつけられたと感じるようだと、よい案でも納得はされにくい。

わ わだかまり とけばおのずと 元のさや

夫婦間がうまくいかなくなったときには、離婚調停の申立てもできるが、夫婦関係調整調停の申立てをすることもできる。調停の途中で、家庭裁判所調査官がその夫婦の問題点を背景事情にまで目を注いで調査し、関係の調整を試みることもある。その調整が功を奏

し、「元のさや」に納まることも少なくない。

か 角ばらず　かみしもぬいで　穏やかに

調停委員は、非常勤の裁判所職員であるが、その給源は、民間企業や団体の勤務経験のある有識者、自由業者など多様である。当事者と同じ目線で言い分を理解し、フランクに事柄のありようを説こうと努めている。

よ 善し悪しは　委員にまかせ　我を張らず

昨今では、調停委員にお任せという案件は少ない。ひと頃は、どのような解決が望ましいか噛んで含めるように諭す教示型調停も少なくなかった。現在でも、自分のことなのにどうしたらいいものか途方に暮れるという当事者には、教示型が有効である。自分で判断できるタイプの当事者には、教示型ではなく助言型調停が望ましい。そして、自己決定をしたいという当事者には、現実的な解決のための複数の選択肢と利害得失の情報を付与して選択してもらう支援型調停を試みることが有益である。

た 誰からも　知られぬ調停　非公開

紛争は、人には知られたくないものだが、訴訟は公開法廷で行われる。非公開の調停はこの点に大きなメリットがある。

れ 例をあげ　正しい道を　説きすすめ

そ 双方の　納得出来る　名調停

（つ）つよすぎて　まとまるものも　ぶちこわれ

声の大きな当事者の言い分に引きずられてはいけないが、強すぎるのが調停委員であったら、なおまずい。

（ね）念を入れ　調停条項　もらさずに

調停での約束が履行されない場合には、強制執行ができる。その意味で、調停条項をどう作成するかは肝心なところだ。

（な）なまなかの　法律論は　抜きにして

調停では条理が大切だが、法律論を押さえておかないと駄目な案件もある。もちろん中途半端な法律論は有害無益。代替案に「長談義　坊主の説教　あきがくる」があったが、お坊さんをからかっているのでボツになった。

（ら）埒明かぬ　事件となげず　根気よく

（む）むずかしく　思うな気安な　調停を

「調停いろはかるた」の前半の句を眺めてきたが、調停は必ずしも終始和やかに進行するものではない。当初は互いに激昂し非難の応酬をすることもある。そうした当事者が、次第に相手方の言い分もそれなりにもっともなところがあると気づき始め、ついには相互理解に達し、調停が成立する。「調停いろはかるた」は、時にドラマティックですらある調停に臨む調停委員の心意気を映し出している。

「調停いろはかるた」を覚えましたか

　調停には、民事に関する紛争を対象とする民事調停と家庭に関する事件を対象とする家事調停があることはよく知られている。

　民事調停の系列では、このほかに、平成12年に特定調停という手続ができた。「特定債務等の調整の促進のための特定調停に関する法律」の第１条は、支払不能に陥るおそれのある債務者等の経済的再生に資するため、民事調停法の特例として、このような債務者が負っている金銭債務に係る利害関係の調整を促進することを目的とすると定めている。つまり、特定調停は、サラ金・クレジットなどの多重債務者が利用することができるものだ。

　民事調停でも、多重債務者のために債務弁済協定調停という類型を用意していたが、特定調停の方が執行手続の停止が明文化され、当事者双方に債権債務関係を明らかにする義務を課されるなど手続が充実している。そのため、現在では、多重債務者は特定調停を選択するのが通常である。

　家事調停も、平成23年に公布され、平成25年４月から施行された「家事事件手続法」によって規律されることになった。新法においても、家事調停の手続の大筋は従来と変わりはないが、高等裁判所における調停手続および調停成立の途を開く（同法247条２項）など、より使い勝手がよくなった。家事調停新時代の幕開けである。

　こうした立法の状況を観察すると、調停も時代の要請に応えて進化していることがわかる。このような時期には、調停の原点を改めて押さえておくことに意味がある。そのような趣旨で、「調停いろ

はかるた」を眺めているが、後半の句をみてみよう。

(う)　訴えた　訴えられたは　いわせまい

日本人の法意識は変わりつつあるが、個人レベルでは、まだ「訴訟沙汰（ざた）」という受け止めがみられる。しかし、調停は、そうした心理的抵抗を薄める効用がある。

(ゐ)　委員会　以外で会うと　誤解され

調停委員は公平であることはもちろんであるが、公平らしくあることも求められる。その意味で、裁判官と同様の公平・廉直という倫理が課される。関連する句に、「私宅にて 私設調停 せぬように」「礼は礼 ことば以外は 受けぬもの」があるが、いずれも、公平に疑いを持たれるような行動を戒めるものだ。

(の)　のびのびは　人の迷惑　国の損

調停は、調停委員会が適切に運営し、遅延を招かないよう努めている。代替案には「のばすにも ほどほどにせぬと 利用され」という句があったが、遅延を利用するのは悪い当事者という意味。

(お)　お互に　ゆずりゆずられ　共に生き

調停は、共生を目指すものという捉え方は、現代でも決して古びていない。代替案として「お役人 きどり鼻持ち ならぬもの」があった。民間人である調停委員であるからこそ、調停のよさが引き立つ。

(く)　工夫して　双方の身の　立つ様に

調停案の作成には、バランスを取るよう智慧(ちえ)の限りを尽くしたいものだ。

や　やんわりと　情で包み　理で締むる

調停委員は、それぞれ説得の技法について一家言持った人が多い。この句は「北風と太陽」の話を思わせるものだ。

ま　待つ人の　身になり　時間励行し

調停は、当事者別々に事情を聴いたり、説得することがある。相手方が調停室に入っているときには、片方は控室で待っている。どんなやり取りがされているかと気をもんでいるだろう。個別に対応する時間も同程度にして、公平性を担保するのが通常である。代替案には「まとまれば　調停も判決も　同効果」があった。まさしくそのとおりの句であるが、面白味はない。

け　権利義務　などと四角に　もの言わず

要は言い方の問題であろう。代替案には「経験を　生かすところに　味がある」という句があったが、調停委員の経験と見識に基づく適切な説明・助言・説得は無理なく納得を導く。

ふ　振り上げた　手のやりどころ　握手させ

こ　こころから　こころに通う　人間味

え　えこ贔屓(ひいき)　あってはならぬ　纏め役

これも調停委員に中立・公正性を求める基本的な教えである。

(て) 手におへぬ　事件も見事　解決し

(あ) ありのまま　述べて損する　人はない

　当事者に事実はどのようなものかを語ってもらうことが、調停のスタートになる。代替案は「会って見て　話してみれば　よくわかり」という句であり、コミュニケーションの大切さをアピールするものだ。

(さ) 三人の　判事委員で　文殊(もんじゅ)の知ゑ

　調停委員会は、2人の調停委員と裁判官とで構成される。三島由紀夫の戯曲「弱法師」では、桜間級子調停委員が一人で家事調停を進めている（三島由紀夫『近代能楽集』253頁〈新潮文庫、1968年〉）が、これは劇作上の都合によるものである。

(き) 来て見れば　聞くとは違う　なごやかさ

　調停を利用した当事者の多くが抱く感想が、これである。代替案は「聞き上手　腹の底まで　話させる」であるが、この句も悪くない。

(ゆ) ゆとりある　調停案に　歩みより

　調停案は、当初は選択肢と幅のあるものを提示して、だんだん詰めていく方が実際的であることが多い。

(め) めんみつに　しらべてさとす　心がけ

み 民衆の 信頼に答える よい調停

民衆という表現に時代を感じる。代替案に「実を結ぶ 苦難の後の さわやかさ」。

し 白黒を きめぬ所に 味がある

これもケース・バイ・ケースであるが、確かに玉虫色の解決案で納まる案件もある。代替案は「職業化 してはならない 名誉職」という句で、調停委員に対する教訓である。

ゑ 笑顔にて 迎えてやれば 気がなごむ

ひ 必要が あれば調停 前の措置

も 申立は 口頭で出来る 楽なもの

調停は、手軽に申立てができる。代替案は「もらしては ならぬ事件の 秘密ごと」というもので、調停委員の守秘義務を謳うものだ。

せ 成立と なれば調書が ものを言う

す すんでから 調停制度の よさを知り

そのとおりでありたい。代替案に「すみました これでゆっくり ねられます」があったが、当事者にとっては本当にそうだろう。

ん んと云うまで とっくりと 話し合い

ユニット4　民事司法を考える

「調停いろはかるた」は以上であるが、現在でも生きている教訓もあれば、時代の変遷により旧(ふる)くなってしまったものもある。
　調停の紛争解決手段としての質を維持・向上させるためには、時代の要請を捉え、変えるべきものを変え、しかし、変えてはならないものを見極めるという両面作戦が、求められていると思う。

ユニット 5

法文化の国際比較

46 民事訴訟の利用は増えるか

　時には目の前の仕事に煩わされることなく、気持ちを大きくして、自身の人生、仕事の来し方・行く末などを考えてみたい。そこで、わが国における民事訴訟の利用の現状と将来展望をしてみようと思う。

❖ 訴訟に対する意識が民事訴訟の利用率に関係する

　先進諸外国と比較すると、わが国の民事訴訟の利用率は極めて低いと指摘されている。これはなぜであろうか。民事訴訟を選択するという行動は、訴訟に対する意識に規定される。その意味で、訴訟意識論は、わが国における訴訟の少なさの根拠論でもある。

　これを説明する学説として、法文化説、制度説（機能不全説）、合理的選択説（予測可能性説）などがみられる。

　法文化説は、川島武宜博士の所説であり、民事訴訟の利用率の低さは、国民の法意識・わが国の法文化に由来するものと説明する。すなわち、欧米の裁判制度にならったわが国の裁判制度は、紛争の内容となる事実を明確にした上で、当事者の権利・義務を明確・確定的なものとすることを目標とする。しかし、わが国の社会は、権利・義務を明確・確定的なものとせず、権利観念の乏しさゆえに当事者の友好的・協同体的な関係が成立・維持されている。民事訴訟は、白黒を明らかにすることによって、この友好的・協同体的関係の基礎を破壊するものであるから、日本人は、あえて民事訴訟を利用することを好まないのであるという（川島武宜『日本人の法意識』

140頁〈岩波書店、1967年〉）。

法文化説に対して、制度説（機能不全説）は、公式の法制度である訴訟手続の利用度を決定するのは、法文化説が言うような法意識の近代性・前近代性という文化的要因ではなく、制度的な要因が大きいと語る。そう説くのはヘイリー教授であり、彼は、私が判事補時代に米国ワシントン州立大学ロースクールに客員研究員として派遣された折の受入担当者である。

❖ 訴訟に対する意識には文化的、制度的、経済的要因が影響する

当時、ヘイリー教授は論文を執筆中で、研究室を訪れるたびに、その話題になった。そうしたご縁で、その論文を翻訳することになったが、これは、わが国における民事訴訟の利用率の低さは、裁判所の過剰負担の結果としての訴訟遅延や弁護士不足、裁判による救済の限界、法律扶助の未発達など、機能不全要因がもたらすものであると分析している（ジョン・O・ヘイリー〔加藤新太郎訳〕「裁判嫌いの神話（上）（下）」判時902号14頁、907号13頁〈1978、1979年〉）。ヘイリー教授は、わが国の裁判嫌いは神話であると喝破したのである。

合理的選択説（予測可能性説）は、ラムザイヤー教授の見解である。法文化説や制度説（機能不全説）とは異なり、わが国においては、例えば、民事交通訴訟にみられるように、訴訟結果の予測可能性が高いため和解・示談が成立しやすいという特色がある。そこで、国民が民事訴訟を利用せず、訴訟外の非公式処理をすることは、合理的選択の結果であると論ずる（マーク・ラムザイヤー『法と経済学』21頁〈弘文堂、1990年〉）。

各説は、それぞれ、文化的要因、制度的要因、経済的要因のう

ち、いずれかを重視することにより、わが国における民事訴訟の利用率の低さを説明しようとする。各説の根拠について、現状では、国民の権利意識には進展がみられること、司法制度改革はまさに制度の機能不全を打破するために行われたものであることなど、議論当時の状況とは異なってきている部分もある。しかし、大筋では各説の説くところは、現在でもなお妥当するものといえる。

❖ 複数の要因は相互に作用し、わが国特有の要因も存在する

 もっとも、考えてみると、これら文化的要因、制度的要因、経済的要因は、必ずしも矛盾するものとはいえない。すなわち、権利観念の乏しい文化を有する社会では、制度的なものの整備も二の次ということになりやすく、したがって訴訟もその機能を全うすることができにくく、予測(見通し)の対象に訴訟の機能不全という現実を入れれば、訴訟を選択しないことも無理はない。

 その意味で、各説は、それなりに整合的に理解することができる。要するに、わが国の民事訴訟利用率の低さという現実は、複数の要因の相互作用の結果であるとみることができるのである(加藤新太郎「法曹の役割」専修法学論集67号42頁〈1996年〉)。フット教授も、わが国における交通事故訴訟、公害訴訟、製造物責任訴訟、雇用関係訴訟、株主代表訴訟などを実証的に考察した上で、「訴訟率―それに訴訟意識―は、制度的要因、経済的要因、さらに文化的要因、といった複雑な要因の相互作用の結果である」(ダニエル・H・フット〔溜箭将之訳〕『裁判と社会――司法の「常識」の再考』115頁〈NTT出版、2006年〉)という総合説・並存説をとるが、そのような理解に賛成である。

また、思いつくままに挙げてみても、わが国の民事訴訟が少ない理由は、いくつかの仮説を立てることができる。

　第1に、わが国で契約関連の訴訟が欧米との比較において少ないのは、実は、契約の履行率が高いことが理由なのではないだろうか。

　第2に、債権回収関係の訴訟率は各国の税制の影響が大きいのではないだろうか。例えば、未回収金を損金で落とせるかどうかといった損金処理の難易などは、債権回収関係訴訟の提起に少なからぬ関連があるといえよう。

　第3に、離婚訴訟については、裁判離婚しか許容しない法制の国と協議離婚を認めて9割以上がそれという実態であるわが国とでは、その前提を異にすることは明らかではなかろうか。

❖……… 民事訴訟の増加をもたらす要因は目白押しである

　これらは、大きく社会統治・規律のシステムとそれを支え、影響を与える基盤にかかわるものであるが、法社会学では、より具体的なファクターにも照準を合わせて研究を進めてほしいと思う。

　考えてみると、わが国において、今後、民事訴訟の増加をもたらす要因となる要因は少なからずみられる。例えば、規制改革は自由競争をもたらすが、その行き過ぎは刑事制裁だけでなく民事的救済も求められることになろう。また、外資系ファンドの活動による企業買収について司法判断を求められるケースは、グローバル化の象徴的係争である。さらに、地域社会の変容（ムラ社会の崩壊）は、近隣関係の係争を確実に増加させる。加えて、弁護士数の大幅増加は、決定的な増加要因とみられる。

　民事訴訟の利用は増えるであろう。

47 ロイヤー・ジョークと米国社会の不満

> Aさんが弁護士に費用を尋ねると、「三つの質問について150ドルです」との答え。
> 「それはあまりに高すぎるのではありませんか」と、Aさん。
> 弁護士は、「そうですね」と答え、「では、三つ目の質問は何ですか」と質問を促した。

これは米国のロイヤー・ジョークである。弁護士報酬が法外であることを皮肉っている。タイム・チャージという時間制で報酬支払いを取り決める方式もある。これに関するジョークが次のものだ。

> 死んだばかりの弁護士が、天国の門で、聖ペテロに抗議した。
> 「52歳というのは、死ぬにはまだ早すぎないでしょうか」
> 聖ペテロ答えて曰く「52歳というのはおかしい。あなたが弁護士報酬を請求した時間によると、あなたは89歳のはずですよ」

このジョークは、「弁護士は嘘つき」という含意もあるが、もっとストレートなものもある。

> Q 弁護士が嘘をついているとき、どうしてそうだとわかりますか。
> A 唇が動くからです。

❖ 攻撃的なロイヤー・ジョークは人々が抱く不平・不満の表れ

　このところ、若手の裁判官と英語文献の輪読会をしている。読んでいるのは、Thomas W. Overton の『LAWYERS, LIGHT BULBS, AND DEAD SNAKES: THE LAWYER JOKE AS SOCIETAL TEXT』42UCLA LAW REVIEW.1069-1114（1995年）である。このタイトルを単純に訳すと、「弁護士、白熱電球、そして死んだ蛇――社会的テクストとしてのロイヤー・ジョーク」となる。

　この論文は、攻撃的なロイヤー・ジョークは、意味のない敵意ではなく、人々が抱いている米国の弁護士に対する具体的な不平・不満の表明であるという問題関心から、その分析を試みたものである。ジョークを真面目に論ずるという、それ自体ジョークのような代物という感じもするが、頗る真面目な内容なのである。

　われわれには、論旨もさることながら、登場するロイヤー・ジョークが大層興味深い。論文のタイトルの一部になっている、電球ジョークは、もともとはポーランド系米国人を題材にしたものがオリジナルで、1970年代に米国で人気が出て、世界中で広まったものだという。早坂隆『世界の日本人ジョーク集』（中公新書ラクレ、2006年）でも、日本人をネタにした電球ジョークを5本載せている。例えば、次のようなものだ（同書75頁）。

Q　切れてしまった電球を交換するのに、何人の日本人ビジネスマンが必要だろうか。

A　3人。一人がその電球が日本製であるかを確かめ、一人が電球

を交換し、一人が古い電球を輸出する。

これが、ロイヤー・ジョークだと次のようになる。

Q　切れてしまった電球を交換するのに、何人の弁護士が必要だろうか。
A　何人分なら報酬を払えるかな。

このようにロイヤー・ジョークの第1のタイプは、「弁護士はお金まみれ」「お金に汚い」という不平・不満を背景にしたものである。

第2のタイプは、「弁護士は役立たず」であることをからかうものである。弁護士の仕事は、彼らがやろうとしているほどには、人々の役に立っていないのである。例えば、次のものがそうだ。

熱気球がしぼみ始めて、軌道を外れた。地上3フィートのところをゆっくり移動する状態になった。操縦者は、通りかかった人を呼び止めて、声をかけた。「私は、どこにいるのでしょうか」。

通行人が答えて曰く、「あなたは熱気球の中にいますよ。地上から3フィートほどのところです。北に向かっています」。

操縦者は言った。「あなたは弁護士さんでしょう。なぜなら、あなたの言ったことは、非常に明瞭で、大変正確で、まったく役に立たないからです」。

❖ 米国のジョークに映し出される状況は他山の石とすべし

ロイヤー・ジョークの第3のタイプは、「多すぎる弁護士」を揶揄したものである。次のようなジョークである。

> 男が骨董品店に入って、品の物色を始めた。男はカウンターの後ろの棚にある真鍮製のネズミの置物に興味を持ち、買うことにした。店主は、客が金を払うときに、「これで売買は成立しました。あなたが真鍮のネズミを持ってこの店を出たら、どんな状況になっても私はそれを引き取りませんよ」。
>
> 男は「もちろんだよ」と了解し、真鍮のネズミを持って店を出た。家路につくと、どうしたわけか、生きたネズミが通りを走って、男の元へ集まり始めた。その数はあっという間に増え、足にキズをつける有り様である。男は走り出したが、ネズミもついてきて、ますます多くのネズミが行列に加わった。数分後、何千ものネズミが男を追いかけていた。その男は死にものぐるいで川まで走り、真鍮のネズミを川に放り投げた。ついてきたネズミは真鍮のネズミの後を追い、すぐに皆溺れてしまった。
>
> 男は、急いで、骨董品店に戻った。店主が、男に気づいて言った。「申し上げたはずです。売買は終わっていますから、真鍮のネズミを引き取ることはできません」。
>
> 男は答えた。「そういう問題じゃない。私は、ただ、この店は真鍮製の弁護士の置物を売ってはいないか、確かめたかったんだよ」。

これは、ハーメルンの笛吹き男の話を下敷きにしている。ハーメ

ルンの笛吹き男が、ネズミ退治をして疾病から街を救ったように、弁護士を退治したいというブラック・ジョークだ。

　弁護士の数が、110万人を超した米国と、3万5113人（平成26年4月1日現在）のわが国とでは、その役割や機能の差異が顕著であり、弁護士に対する視線も異なる。しかし、ロイヤー・ジョークに映し出される戯画的な状況は、他山の石とすべきであろう。

　そういう目でみると、弁護士とお金をめぐるジョークは、わが国でもないわけではない。M弁護士からの受け売りを披露する。

　ある弁護士のところに、難しい法律問題を抱えた依頼者が、相談に行きたいとアポイントメントを取った。「先生、相談の際には何を持参したらよいのでしょうか」。

　弁護士先生、答えて曰く「費用（お金）を持っていらっしゃい」。

48 米国の普通の裁判官

　シアトルに滞在したのは昭和52年の6月からわずか1年間のことである。

　シアトルは、米国西海岸のカナダに接するワシントン州の中で最も大きな都市であるが、ニューヨークやロサンゼルスのような大都会ではない。緯度から言えば北海道の稚内よりも北に位置するのに、暖流のため気候は穏やかで、海を臨み森と湖に抱かれた美しい街であった。そこで、彼の地の司法制度とその運営の実際を見聞するのが、当時の私に課せられた務めであった。

　司法制度のありようを書物から知るだけではなく、その実像に触れようとするからには、何と言っても裁判官と面識があることが必要である。幸い、幾人かの裁判官と顔見知りになることは、当初の予想よりも時間はかからなかった。何よりも、「海の彼方で自分たちと同じ仕事をしている男がこの街に来て、どうやら自分たちの仕事ぶりを知りたがっているそうだ」という好意的な空気が感じられたのはありがたかった。

　もちろん、「自分たちと同じ仕事をしているという男が、自分たちよりもかなりの若造であるのはどうしたわけか」という好奇の目があったことも事実である。そして、「毎日裁判所にやってきて、的外れの質問とあまり通じることのない冗談ばかり言って帰っていくあの男は、果たして首尾よく所期の目的を達することができるであろうか、どうも危なっかしい、何とか自分が助力してやらなければならないのでは」と考えて、肩入れしてくれる気のよい何人かの

裁判官が現れたのは、全く幸運であった。

❖ ……… 異国で出会ったジョンソン判事一家

　ジェローム・ジョンソン判事も、その一人であった。彼は、スカンジナビア系、金髪碧眼、当時40代半ばの気鋭の判事であった。

　弁護士を父に持ち、地元のワシントン州立大学ロースクールを卒業。父親が他の弁護士と共同で経営する法律事務所に勤務すること10年余を経て、裁判官になった。

　奥さんのスザンナは、大学の他学部の同窓生。学生時代からの付き合いで、幾多の競争相手を蹴散らしてゴールイン。やはり金髪で大変美人である。子どもは２男１女で、長女は高校の最上級生、長男は中学生、次男は小学生であった。スザンナは教育熱心で、長女の大学受験を気にかけている様は、わが国の母親と変わりはない。息子たちについて話が出る際も、話題は教育関係の事柄が多く、「日本では、中学生（小学生）は、何時間くらい家で勉強するか」と尋ねられたこともあった。ジョンソン家の子どもたちは、皆、気立てがよく、両親の言うことを素直に聞く場面を数多く目撃した。ただ、日曜日にジョンソン夫妻は教会に赴くのに、子どもたちは誰も一緒に行かないことが、夫妻の小さな悩みであった。

　ジョンソン家でご馳走になった返礼として、わがアパートに、ジョンソン夫妻を夕食に招いた折のことである。

　ジョンソン氏が靴からスリッパに履き替えたところ、その靴下の片方に大きな穴が空き親指がのぞいていることがわかった。ジョンソン氏は、照れながら、「や、これはまずかった」と冗談めかしたのに対し、スザンナは少し嫌な顔をみせた。

　私は、このことから「ジョンソン氏は、あまりスザンナに構われ

ていないのではないか」と心配したが、家人は「ジョンソン氏は、自立していて、自分のことは自分でしているから、こういうこともあるのだ」という見方であった。そして、スザンナが少し嫌な顔をしたのは、「あなたのように思われるのではないかと一瞬心配したせいよ」と言う。

なるほど、そうかもしれない。また、靴のままであればわからなかったわけで、スリッパに履き替えてもらったために恥をかかせた結果になったことが悔やまれる。

❖ ……… ジョンソン判事からみえてくる米国司法の大らかさ

ジョンソン氏が、裁判官に任官したいきさつは、われわれからみると、大層興味深い。

ワシントン州では、裁判官の任用について選挙制が採られているので、裁判官になろうとする法曹有資格者は、選挙に立候補することが必要である。ただ例外として、ある裁判官が任期中に死亡したり、退職した場合に限り、州知事が裁判官を任命することができる。

ジョンソン氏も、最初は州知事によって、わが国の地方裁判所に相当する州の第一審裁判所の裁判官に任命されたのである。

実は、彼と知事は友人の間柄であり、政治的な考え方も同じくしており、知事の選挙を応援する仲である。知事はかねてからジョンソン氏の裁判官志向を知っていて、彼の友情に報いるため、裁判官ポストに欠員が生じた時期に彼を充てたのである。考えようによっては、自分の値打ちをあまり高めることにはならないように思われるこうした内幕話を、外国人の私にしてくれるところが、ジョンソン判事の気のいいところである。

このようにして裁判官になったジョンソン判事の裁判官としての資質・能力は、周囲の裁判官と比べて決して見劣りするものではなかった。それどころか、ジョンソン判事の法廷における威厳、事件に対する正確な理解、当事者の申立てに対する迅速で的確な判断などは、すべての面で水準を大きく超えるものであった。その上、爽やかで優しい人柄であり、その後に何度か選挙の洗礼を受けたが（任期は４年間）、いつも多くの支持者に恵まれたのは当然のことであった。

　法廷でジョンソン判事の命を受けて働く、廷吏のハリー氏は、判事とは親子ほども歳が違う。それもそのはずで、ジョンソン判事とハリー氏の息子は、その昔、ともに地元の少年野球チームで活躍したことがあり、ハリー氏は、そのときのチームの監督という間柄なのであった。ワシントン州では、裁判官は、自分の法廷で働く廷吏は自身の裁量で自由に任用できるというシステムなのだ。

　ジョンソン判事の机上には、スザンナと子どもたちの写真がさりげなく飾られている。その机で、彼はその日の審理の準備をしてから、ハリー氏の「在廷者は起立」という声とともに入廷する。そして、法廷内で当事者のやり取りが始まる。これが、ジョンソン判事の１日のスタートであった。

　ジョンソン判事は、米国のどこにでもいる普通の裁判官である。彼との、短く淡い交わりは、何物にも代え難い貴重なものであった。それは、私に米国の司法の大らかさと、そこで職を奉ずる裁判官の肌の温もり、懐の深さを感じさせてくれた忘れ得ぬ思い出である。

49 コーヒーをこぼしたら

　ある人や企業が、違法な行為（例えば、不法行為）により他人に損害を与えた場合、被害者は、その損害の賠償を求める権利を取得し、加害者は損害を賠償する義務が発生する。これは、どこの国の法制でも同じである。そして、賠償すべき損害は、発生した損失を埋め合わせるもの、すなわち、補償的な性格のもの（塡(てん)補賠償）であることも各国共通の大原則である。これは、俗に言う「被害者の焼け太りを認めない」というところに意味がある。

　これに対して、英米法では「懲罰的損害賠償」という考え方が認められている。懲罰的損害賠償は、加害行為の悪性が高い場合に、加害者に対する懲らしめ（懲罰・制裁）と一般的抑止効果を目的として、塡補賠償に加えて認められるものである。これは、加害者の不法な行為を懲らしめるものであるから、その行為が、例えば、邪悪な動機・悪意・害意・他人の権利に対する意識的な無配慮など、倫理的にも非難に値する場合であることが要件とされている。

　また、ある企業が生産活動や商品の安全性を維持するためには多額の先行投資が必要であることを認識しながら、被害の発生したときに個別的に塡補賠償で対応した方が、割安につくと考えて、危険な生産活動の継続をしたり、問題のある商品の供給を続けるようなケースを想定すると、確かに、塡補賠償だけでは抑止効果が乏しいといえる。

　しかし、米国においては、懲罰的損害賠償の存在が、陪審制であることも手伝って、賠償額の高額化を招く大きな要因であると指摘

されている。被害者に対する塡補賠償に加えて、懲らしめのための賠償も課するのであるから、加害者に支払いが命じられる賠償額が多額になるのは織り込み済みのはずである。

それでは、実際に、どのようなケースで、いくらくらいの賠償額になるのであろうか。その実例として、マクドナルド・コーヒー事件をみてみよう。

❖ ⋯⋯⋯ 購入したコーヒーで火傷　マクドナルドの賠償額は

1992年2月、ニューメキシコ州アルバカーキのマクドナルドのドライブスルーで、ステラさん（79歳の女性）は、コーヒーを買い求めた。ステラさんが太ももの間にコーヒーカップを挟んで、ふたを開けようとしたときカップが倒れ、熱いコーヒーが太ももからお尻にかけて流れてかかった。助手席が柔らかいクッションであることもあって、ステラさんは、とっさに腰を上げることができなかった。その結果、ステラさんは、第3度の火傷を負い、1週間入院することを余儀なくされ、治療費に1万ドルかかった。

そこで、ステラさんは、マクドナルドに対して、熱すぎるコーヒーが提供されたことが火傷の原因であり、顧客を無視した無神経な対応には非難されるべき悪意があるとして州裁判所に提訴した。

1994年8月、陪審員団は全員一致でマクドナルドの責任を認める評決を下した。その中身は、火傷に伴う治療費、苦痛・不便など塡補賠償分を20万ドルと算定した上、2割の過失相殺をして16万ドルとした。さらに、懲罰的賠償として、270万ドルを認め、マクドナルドに対して、合わせて286万ドルの支払いを命ずるものであった。これを受け、担当裁判官は、塡補賠償を16万ドル、懲罰的賠償を48万ドルとする減額判決を下して、一件が落着した。

このケースは、わが国でもよく知られているが、濫訴社会であるアメリカの象徴的事例として紹介されることが多い（例えば、高山正之・立川珠里亜『「訴訟亡国」アメリカ』112頁〈文芸春秋、1995年〉）。コーヒーカップを太ももの間に挟んでふたを開けようとして倒したのは、ステラさんであるから、熱いコーヒーで火傷したことの落度は少なくない。2割の過失相殺でよいか議論の余地があろうが、さらに、48万ドルの懲罰的賠償を上乗せした賠償額は、わが国の実務感覚からすれば、確かに高額と言えよう。

　陪審員は、マクドナルドに対して、どうして非難に値すると考えたのであろうか。実はこのケースでは、いくつかのポイントがあった。

　第1に、マクドナルドは、意図的に、買ってすぐには飲めないような高い温度でコーヒーを保存していた。その方が香りがよく、顧客に上質感を印象づけるためのポリシーであった。

　第2に、過去にマクドナルドの熱いコーヒーで火傷を負ったという民事訴訟が全米で700件以上起きており、マクドナルドは、相当の和解金を支払っていたが、それでも、コーヒーの温度設定を変えようとしなかった。

　第3に、被告側の専門家証人が、「年間数百万杯のコーヒーを販売しているマクドナルドにとって、過去の火傷事件は統計的には意味のない数字（めったに起こらない事故）である」と述べたことが、陪審員の顰蹙（ひんしゅく）を買ったという。陪審員は「火傷で苦しんでいる客は統計的に意味のない存在だとマクドナルドは考えている」と受け止めたのだ。陪審員の中にもマクドナルドのコーヒーで火傷をした経験者がいたとも言われる。

　陪審員は、こうしたことから、営業政策として熱いコーヒーを提

供しているマクドナルドが、火傷被害の実態を承知しながら、めったに起きない事故だとして無視し続けている姿勢を懲らしめなければいけないと考えたのだ。

その後、マクドナルドは提供するコーヒーの温度を下げ、同業他社も顧客の安全に配慮する方向に向かったという（コリンP.A.ジョーンズ『手ごわい頭脳』78頁〈新潮新書、2008年〉）。

❖ 懲罰的損害賠償を認めない日・独・仏の理由は

ところで、わが国では、懲罰的損害賠償は認められていない。

米国の裁判所で出された判決であっても、一般に、わが国で執行判決を受ければ権利を実現することができるが、「見せしめと制裁のために懲罰的損害賠償として金員の支払いを命じた部分については、執行判決をすることができない」（最判平成9年7月11日民集51巻6号2572頁）とされている。

ドイツ、フランスをはじめとする大陸法系の国は、同じように懲罰的損害賠償を認めない。それは、民事責任と刑事責任とを分け、制裁は刑事責任に委ね、民事責任は専ら被害者に生じた損害填補に止めるという考え方をとっているからだ。懲罰的損害賠償は、大陸法的思考からすると、民事・刑事の責任未分化の前近代的なシステムなのである。

さらに大きく言えば、私法によって社会を統制するあり方如何の問題なのでもあるが……。考えに耽るあまりに、手元のコーヒーをこぼさないようにしたいと思う。

50 母親代位物としての法

　日本人は法をどういうものとして捉えているか。欧米人と比較してみて、何か特徴があるのであろうか。これは、かなり大きな問題であり、いくつもの切り口があるように思う。

　この点について、私が興味を覚えるのは、川島武宜先生の「日本人にとって法は優しい母親のようなものである」という「母親代位物としての法」という見解である。川島先生は、わが国の一般の人々にとって、「法とは、先在的（予め用意されたもの）な・厳格な・確固不動の・父権的な権威をもつ・規則ではなく、むしろその反対物であり、いわば母親的な甘えの対象である」ことを承認しなければならないと言われる。すなわち、日本人にとっては、「法律に規定されていることは、絶対の権威をもった確固不動の原則であるわけではなくて、ただ『一応そう書いてはある』ものであり、国民も一応それに従うべきであるが、従わなかったからとて、必ずしも常に罰せられたり責任を負ったりしなければならないというものではない。また、裁判官も絶対に例外なくそれに従わなければならない準則なのではなく、ケース・バイ・ケースにいろいろと具体的な事情に応じて加減することが予定されているもの」であるという考え方が「母親代位物としての法」説なのである（大塚久雄・川島武宜・土居健郎『「甘え」と社会科学』147頁〈弘文堂、1976年〉）。

❖ 法のイメージ、米国は厳格な父・日本は寛大な母

　この「母親代位物としての法」という考え方にはタネがあり、米

国のリアリズム法学者で裁判官でもあったジェローム・フランクの「父親代位物としての法」という考え方の応用である。

フランクは、「アメリカ人は、裁判に現れるどのような問題についても、裁判する基準となるもの（裁判規範）はすべて予め用意されて与えられており、しかもそれは確固不動のものであって、裁判官や弁護士の仕事は、裁判規範を見出し論理的に適用するだけのこと」という信念を持っていると言う。フランクは、こうした信念は、「幻想ないし神話」だと喝破する。そしてフランクは、米国人の信念の根源にあるものが、「父親代位物としての法」だという仮説を提示する。

つまり、米国人にとって、「法とは厳格にして、誤ることのない完全無欠な父親のようなもので、力と権威を持った最終的な審判者、決定者であって、確固不動で永続的なものである」が、これを神話ではなく真実と考えるのは、幼児的思考様式だというのが、彼の見解なのである（ジェローム・フランク〔棚瀬孝雄ほか訳〕『法と現代精神』〈弘文堂、1974年〉）。

フランクの「父親代位物としての法」仮説は、法の神話は人々の幼稚な願望に応えることになっているが、願望と事実を混同せずに、裁判過程を客観的に捉える必要があるという論旨を展開するための、前提となる仮説である。したがって、必ずしも実証的なものというわけではなく、むしろ観念的な仮説という側面が大きい。しかし、川島先生のオリジナリティは、このフランクの説くところの全く裏側にあるのが、日本人の法に対する態度であると考えた点である。

川島先生は、日本人は法を母親代位物として受け止めているが、その具体例は、日常生活からいくつも挙げられると言われる。

❖ ⋯⋯ 交通違反の経験が論拠の川島説

そして、「スピード違反をした自動車ドライバーは、アメリカやヨーロッパでは、いやしくも警官に見つかったら必ず罰金などの制裁を受け、追越禁止地点での追越し、駐車禁止などもすべて、発見されたら必ず処罰される」が、「日本では必ずしもそうではない」ことを、その論拠にされる。

川島先生は、米国で駐車違反をしたことがあり、ドイツでは追越禁止違反をしたことがあるが、どちらの場合も必ず罰金を取られてしまった。謝っても同じであった。これが日本であったら誠意をもって謝ったら警察官は勘弁してくれることがあるのではないかと言われるのである（大塚ほか・前掲148頁〔川島発言〕）。

川島説（「母親代位物としての法」理論）は、その論拠がご自分の交通違反の体験ということであるからユニークである。また、なかなか説得的であるという感じもする。ただ、欧米では法律違反に対しては必ず罰せられるということが根拠であるから、「必ず」という命題を出すと、罰せられない例が一つでもあれば反論できるわけで、相当に微妙な説でもある。

❖ ⋯⋯ 川島説を裏返す出来事

私の体験であるが、米国に留学してまだ間もない頃に自動車を運転中、赤信号無視をしてしまったことがあった。その赤信号はちょうど警察署の前の信号だったために、すぐパトカーに追いかけられ停止を命じられた。確かに、警察署の目の前の赤信号を無視して走り去る自動車というのは、犯罪を犯して逃亡しているか、少なくとも盗難車であると思われても仕方がない。警察官は、おそらくそう

考え、停止を求めて運転者を降ろしてみると、たどたどしい英語をしゃべる日本人で、それが大変恐縮して謝っているのである。

そのとき、私は、家族を同乗させ、領事館を探して、キョロキョロしながら運転していた。家族が私よりも遅れて米国に到着したために、ビザの滞在資格を切り替える目的で領事館に赴く必要があったのだ。そのため、不注意にも赤信号に気づかなかったのである。私は、警察官に、そうした事情を説明して、「決してわざとルールに違反したものではありません、大変申し訳ありません」という弁解とお詫びを述べた。

そうしたところ、その警察官は、「こんな運転をしていたら命がいくつあっても足りないじゃないか。家族の命もなくしてしまうぞ」と注意をして、さらに、親切にも領事館の場所まで教えてくれて去っていったのである。

自慢になる話ではないが、私は、川島先生が自説の根拠とする、「欧米では交通法規違反などに対しては必ず罰せられる」という命題に反する経験をしてしまったのだ。そのために私は、大変不幸なことに、「母親代位物としての法」理論を信奉することができなくなってしまった。

ただ、日本人が「法」「規範」「ルール」といったものに対して必ずしも厳格なものでなくて融通が利くと考えているという部分は何となくわかるような気がする。しかし、それは「日本人が法律は母親のようなものだと思っている」ということからではなくて、もっと別の理由で説明することが必要なのではないかと思うのである。

日韓交流レポート
——「日韓民事訴訟法共同研究集会」に参加して

　初めて韓国に渡った。平成22年3月下旬のことである。韓国の民事訴訟法学者や裁判官・弁護士とわが国の学者・実務家とが意見交換する場である「第6回日韓民事訴訟法共同研究集会」で報告することになったからだ。

　韓国の民事訴訟制度は、本人訴訟を認めている点などわが国と似ているが、その運用面では異なるところがあり、それが韓国社会の実情を反映していて興味深い。

　例えば、民事訴訟を起こしても、わが国では、そのうち3分の1は訴訟上の和解で終了するが、韓国では、和解はほとんどみられない。「和を以て尊しとなす」国民性と「徹底的に自己の権利を主張し安易に妥協しない」国民性の違いが、こうしたところに現れていると言われる。

　また、韓国では、近時、民事関係立法を機動的に行っていて、ダイナミズムがみられる。実体法関係では、平成21年から、民法改正を5年がかりで行うことを始めている。手続法関係でも、勝訴判決を得て債務者の財産に強制執行しようとする場合に財産隠しをされることがあるが、このような事態をなくすため、韓国では、わが国に先立って、財産明示制度を制定している（日本では、財産開示制度として立法がされた）。

❖……異国の旧知の友・李判事との再会

　また、韓国大法院（最高裁判所に相当）から日本に留学のため派

遣される判事は、毎年4、5人を数える。そうした留学判事の方々の話は、それ自体面白く、わが国の司法運営や裁判実務にも参考になる。そこで、私は、留学判事の方々と交流し、座談会や鼎談(てい)・対談の形で、韓国の司法事情に関する有益な情報を発信してもらうことを心がけてきた(「韓国における民事訴訟の実際と課題」判タ874号4頁〈1995年〉、「韓国の司法事情の現在」判タ1000号35頁〈1999年〉、「韓国司法事情と韓日司法交流」判タ1116号41頁〈2003年〉)。

留学を終えた判事の中にも、わが国で見聞した事柄を伝え、それが実際に韓国で採用されたものもある。例えば、鼎談・対談の相手を2度してくれた李金龍(イ・ギュンヨン)判事は、司法研修所第1部の支部長研修の存在を知り、帰国後、韓国では行われていなかった支院長研修をその意義を説いて提案し、実現している。

さらに、平成7年と8年に、司法研修所と韓国司法研修院との間で、相互交流として所長・院長が互いに訪問し、それぞれ講演をしたこともあった。私は、当時、司法研修所の事務局長として、それにかかわったことがあり、その意味でも、今回の共同研究集会において、報告する機会に恵まれたことは、感慨深いものがあった。

研究集会には、旧知の李金龍判事も参加され、旧交を温めることができた。韓国でも、裁判官は2、3年で全国異動をすることは、わが国と同じであるが、異動の刻みは韓国の方が多い。

李判事は、留学と調査研究で2度わが国を訪れているが、最初の留学時は、ソウル地方法院北部支院判事であり、2度目の来日時は、大法院裁判研究官(わが国の最高裁判所調査官に相当)になっておられた。現在は、ソウル高等法院の部長判事(わが国の部総括判事に相当)を務めておられ、順調にキャリアパスを歩んでいることがわかる。韓国では、同期で裁判官になった者は、一斉に、例え

ば、地方法院の部長判事に登用されるが、その選に漏れた者は退官するのが通例だという。わが国の行政省庁のキャリアに対する処遇とパフォーマンスに似ているのだ。

　韓国では、高等法院の部長判事を経験してから、全国に15ある地方法院長に栄転する。したがって、韓国の感覚では、私のように新潟地裁と水戸地裁の所長を経て、東京高裁部総括判事になるのはあり得ないことなのだ。李判事は、そうした事情を心得ているため、何人もの韓国側の研究集会参加者に、「加藤判事のような異動は、日本では普通のことだ」という説明をしてくれていた。

❖……わが国の「争点中心審理」を報告

　研究集会のテーマは、「現代民事訴訟の現況と課題」であった。
　韓国側からは、「韓国法院における口述審理の強化と事件管理方式の変化」「電子民事訴訟手続―電子訴訟法案を中心に―」が報告され、日本側からの報告は、「争点中心審理の現在」「日本における集合訴訟制度の展開」である。

　私が担当したのは「争点中心審理の現在」だ。わが国の民事訴訟法は、70年ぶりに平成8年に全面改正され、平成10年から施行されている。争点中心審理を目指したもので、争点および証拠の整理を行う弁論準備手続と集中証拠調べがセットされていることが特色である。

　争点中心審理は、「できるだけスピーディーに紛争の全体像を押さえて、事件の振分けを行い、裁判所と当事者および訴訟代理人とが協働して、的確な争点整理を行い、争点を解明する最良の証拠を提出し、証拠調べを集中的に実施する」という審理モデルである。この争点中心審理が、改正された民事訴訟法施行10年余を経て、わ

が国の裁判実務に定着しつつある状況をレポートしたのである。

第1に、争点中心審理を成功させるためには、当事者が早期に主張や証拠を提出することが必要である。現在では、弁護士は、事案について自己に有利な印象を裁判官に与えるためには、背景事実にまで及ぶ充実した訴状と主張を裏づける的確な証拠を早期に提出した方がよいという戦術論が広がったこともあり、こうした運用が増えてきている。

第2に、この審理モデルでは、争点整理をうまくする必要がある。うまくすると、争点の範囲は縮小し、争点は深化・展開する。現在では、相手方の具体的な争い方との関連において、あるいは、提出できる証拠資料との関連において、証拠調べで立証すべき争点を確定していくことが円滑にできるようになってきている。

第3に、争点中心審理では争点整理を終えた後は、集中証拠調べにつなげられる。従来の五月雨式審理から、1期日に複数の証人や本人の尋問をまとめて行う集中証拠調べへの転換により、審理の様相が劇的に変わった（本書㊴「新民事訴訟法で法律実務家は健康になったか」）。

個別にみると問題のあるケースも散見され、地域的偏差もあるが、争点中心審理は確実に定着しつつある。東京高裁において、1回の期日で結審する控訴事件の割合が7割にもなっていることは、その紛れもない証拠である。

韓国側参加者からの反響は、どうだったか。予想していた以上に多くの的確な質問が寄せられ、うれしい汗をかくことになった。

52 「評決」

　1982年制作の米国映画『評決』(20世紀フォックス) は、医療過誤訴訟をテーマにしたリーガル・サスペンスだ。

　もとは大法律事務所に勤め将来を嘱望されていたが、ある事件で挫折し、今はしがないアンビュランス・チェイサーに身をやつしているアルコール依存症の弁護士フランク・ギャルヴィンが主人公である。アンビュランス・チェイサーとは、救急車を追いかけて交通事故現場や病院に駆けつけ、事件あさりをする弁護士の蔑称であるが、映画の中では、新聞の死亡欄を確認して見ず知らずの人の葬式に出かけ、悲しみに暮れる遺族に名刺を渡して回るという場面を描いていた。字幕スーパーでは、「三百代言」と訳していたが、これでは伝わるニュアンスが違うように思う。

　ポール・ニューマン扮(ふん)するギャルヴィン弁護士が、使命に目覚め過去の堕落した生活を清算するため、一念発起して、旧友の老弁護士が廻してくれた事件に取り組むというのがあらすじである。

　事件は、出産時の麻酔施術のミスによって植物人間になった女性を原告、カトリック教会の経営する大病院と高名な医師を被告とする損害賠償請求訴訟である。ギャルヴィン弁護士は、原告に有利な証言をしてくれる約束の医師との打ち合わせを済ませ楽勝気分であったが、病院側の訴訟代理人となった大法律事務所は、ギャルヴィンの許(もと)に巧妙に女性スパイを送り込んで戦術を察知して、原告側専門家証人として出廷するはずの医師を切り崩してしまう。苦境に陥り、やむなく顔もみずに新たに依頼した専門家証人は、黒人医

師で、悪意に満ちた反対尋問にさらされ、不本意な結果に終わる。

しかし、ギャルヴィンは、あきらめず病院側のカルテ改ざんの事実を証言してくれる被告病院の元看護師をみつけ出し、ようやくのことで証言をしてもらう。ところが、起死回生とも言うべき証言に被告側弁護士コンキャノンは異議を申し立てた。そして、その証言は、裁判官の裁定により、改ざん前のカルテのコピーに基づいていることを理由として、証拠としての適格性を否定されてしまうのである。そうなると、原告側が医師の過失を証明する証拠は何一つない。

ギャルヴィンは、半ば絶望しつつも、陪審員に対して最終弁論で懸命に訴えかける。

「法は、判例集の中にあるのではない。テキストブックの中にあるのでもない。あなた方自身が《法》である」と。

評議を経て、12人の陪審員が法廷に戻り、陪審員長が「評決」を裁判長に報告する。その結果は、予想外の原告勝訴であった。

この映画の監督は、『12人の怒れる男』のシドニー・ルメットであり、ポール・ニューマンはもとより敵役のコンキャノン弁護士を演じたジェイムズ・メイスンの好演もあって、面白く、かつ感動的に仕上がっている。原作小説もボストンの弁護士であるバリー・リードのものであるから（田中昌太郎訳『評決』ハヤカワ文庫、1983年）、訴訟手続の理解も正確であって、その意味でも興味深い。その上、ストーリーは、弱者がダーティーな強者に一撃を食らわすという痛快なもので、まさに好編と言うに値する。

❖ 映画鑑賞者としての見方、法律家としての見方

しかし、見事な結末に感動する映画鑑賞者としての自分と、「い

や、あれでよいのかな」と感じる法律家としての自分との間に矛盾を覚えたのは事実である。というのは、映画で描かれた訴訟手続を前提とする限り、医師の過失を証明する証拠は何もなかったのであるから、原告敗訴になるのが法理上正しい。

それにもかかわらず、逆の結論になったのは、それが陪審の評決であったからである。映画の中では、原告勝訴の結論がストーリーの流れの上で納得できるので、観客は安心できるが、このことを一般化することは危険である。

ある事実について、証拠もないのにその事実はあったと認定するのは、よく言えば洞察力、悪く言えば偏見または恣意、せいぜい感情といったところである。感情による事実認定が正しいものになるという保障はない。米国の陪審制も、実は、市民の健全な常識を利用することができるというプラスの面のほかに、固定観念に捉われたり感情に引きずられるというマイナス面を併せ持っているのである。そうすると、勝訴が難しい案件でも、陪審員の同情心のみに訴えて逆転を図ろうとする戦術をとる弁護士も出てくることになり、矛盾はより拡大する。

❖ 日本の民事訴訟における裁判官の責務

私が、米国ワシントン州の裁判所で実際に見聞したときにも、これに類することがあった。自動車運転手が被告人となっている交通法規違反（スピード違反）の刑事事件で、スピード違反を客観的に証明する測定機器によるデータがあるのにもかかわらず、無罪を争っている被告人の弁護人は、次のように陪審員に弁じた。

「検察官が有罪の証拠として提出しているデータを生み出した測定機器が、いつでも正確であるという保証がどこにあるのでしょう

か。

 それに反して、被告人が有罪となれば、運転手として仕事ができなくなり、家族ともども路頭に迷うことになるのは、全く確実なことなのです」。

 わが国の民事訴訟は陪審制も裁判員制度も採らない。訴訟において、事実を認定することも、それに法を適用することも、裁判官の職責である。したがって、裁判官にとって、証拠を的確に分析していかに真実に迫るかが日々の課題となる。

 事故の被害者は、どのような事故でも、まことに気の毒であって、同情を禁じ得ない。しかし、どんなに気の毒であっても、証拠から認定できる事実を曲げることはできない相談である。このことは「法による裁判」「証拠による裁判」である以上、譲ることのできない一線である。これを非難する人は、自分が加害者になった場合のことを想像してもらうしかあるまい。

 そうしたことをあれこれ考えながら、原作の『評決』を手に取ってみた。そうしたら、小説では、コンキャノン弁護士が元看護師の証言に異議を申し立てた肝心の場面において、その異議は却下されていた。改ざんされる前のカルテのコピーも異議は出されたものの、裁判官の裁定により、書証として採用されていたのである。これならば、立派に証拠が存在するのであるから、原告勝訴で何ら問題はない。

 映画が証拠なしの展開にしたのは、何とドラマ性を高めるためであったのだ。私の疑問は氷解したが、小説の展開の方がリアルでよかったのではないかとの思いは残る。

ユニット 6

企業法務・コンプライアンス

53 コンプライアンスのかけ声と現実（前編）

「私は万引きをしません」と宣言している中学生をみたら、奇異な感じを受けると思う。経営者が「わが社はコンプライアンスを重視します」と胸を張っているのも、実は同じことなのである。企業法務担当者には、このことがわかるセンスが求められる。

ともあれ、アンフェアな企業姿勢に起因する不祥事の報道は止むことがない。コンプライアンスのかけ声はかしましいが、暮らしの身近な場面でみられる、その現実は、どのようなものだろうか。

❖ 植栽管理を委託した会社に次々と露見する問題

Aさんは、郊外の一戸建て住宅に住んでいたが、山手線内のタワー型の新築マンションに住み替えた。近頃の都心回帰の動きに同調したのだが、通勤時間が減り、生活の利便性も増した。このマンションは、戸数は300余を数えるが、むしろ閑静で、庭園には四季折々の草花が溢れるところなど、草花好きの奥さんともども満足していた。

ところが、庭園の花壇は次第に花のない低木の草木に植え替えられ、手入れも雑になっていった。春先には雑草駆除が追いつかず、みかねたAさんの奥さんが草取りをしたこともあった。

入居2年目の秋に、マンション管理組合の理事会が、住民に向けて、マンションの管理運営を見直すために活動するボランティアを募った。Aさんの奥さんは、体調があまりよくなかったが、この求めに応じて、かねて疑問を感じていた植栽管理について調査を始め

た。奥さんから相談を受けて次第に関心を深めたAさんは、友人の弁護士の助言を仰ぎつつ調査に臨む態勢を組んだ。

Aさんらは、基本的な事柄から調べていき、このマンションの管理、庭園の植栽管理についての仕組みの大筋がわかった。このマンションの全体の管理は、管理組合とB社との間で契約が結ばれているが、庭園の「植栽管理契約」については別立てで、管理組合とC社との間で締結されている。B社は、このマンションを分譲した大手不動産会社の子会社のマンション管理会社である。C社は、某証券取引所2部上場会社であり、この庭園の造園工事も行っている。また、B社とC社とは協力会社であるという。

最初の住民のマンション入居時には、管理組合はできていないので、初年度は、B社とC社との間で「植栽管理契約」の内容がセットされ、これを管理組合が引き継ぐ形になり、次年度以降は、改めて管理組合とC社とが当事者として契約を締結する。ところが、「植栽管理契約」の契約書は1度も作成されてはいなかった。そうしたことから、C社が出した見積書の記載事項について、年間工程表に定めた時期がくれば作業してこなすという形で植栽管理が行われていた。もちろん、契約書が作成されなければ契約が成立しないわけではないが、このような場合、契約書を作成するのが普通である。

全体管理を委託されたB社は、管理組合と「管理業務委託契約」に基づき、「植栽管理契約」に関して、管理組合に対する助言、発注代行、履行確認、代金支払い等の業務を担当することになっていた。つまり、法形式上は、B社が見積書の内容の適否を審査し、適切であれば、管理組合に助言して、発注を代行し、植栽作業の履行を確認し、代金を支払うという仕組みなのであった。

Aさんらは、B社とC社の担当者からヒヤリングし、こうした事柄がどのように行われているのかという実情把握を始めた。その結果、問題点が次々と露見したのである。

❖ ……… 体調が悪くなったのは農薬散布が原因だった

　第1に、C社は、造園をした樹木等の内容が明らかになる庭園竣工図面を管理組合に交付していなかった。考えられないことであるが、事実そのとおりで、これは指摘した後、管理組合に交付され是正された。

　第2に、C社は当初に造園をした樹木について瑕疵担保責任を負っており、2年間の瑕疵担保期間が定められていた。この約定に基づき、枯れたり弱ったりした樹木を交換していたが、ある時期からこれがされていない事実が判明した。C社はサボタージュをして、3年目に有償で弱った樹木の植え替えをすることを目論んでいるのではないかと疑う住民もいた。不誠実であることはなはだしいが、これも、いくつか指摘したところ、C社はぽつぽつ対応した。

　第3に、除草・防虫剤として住宅地域では使用が禁止されている農薬が使われていた。しかも、作業日によっては、日報の記載からは使用量がわからず、その上、散布日時を全く住民に知らせていなかった。現在、人体に影響のある農薬である除草・防虫剤の住宅地域での散布が厳しく規制されており、例えば、新宿御苑などでは一切使われていない。これをC社担当者に指摘すると、「規制は名目だけで、どこでも使っています。もし使わなければ、虫の盛り場になりますよ」と抗弁したが、Aさんが、新宿御苑の例を出すと、沈黙した。

　また、Aさんの奥さんは、体調が思わしくない状態になったの

は、みかねてマンションの草取りをしたことと関係があるのではないかと薄々感じていたのであるが、草取りをしたのが農薬散布直後の時期であったこと、奥さんに出ている症状が農薬中毒の症状に酷似していることも判明した。とりあえず、C社は、弱い薬剤に変更し、散布日時を住民に告知することを約束した。

第4に、植栽作業の履行確認のために撮影された写真に疑義がみられた。作業完了の証拠に、現場の場所と日時を書き入れた看板を立てて撮影した写真を残すのが普通である。ところが、当初の写真には、そうした看板を入れてあるが、しばらく後からは、なぜか、看板に日時を書かないよう変更しているのである。これをただすと、C社担当者は「官庁工事で年度がまたがるような場合には、作業日時を入れないようにと指示されることがあります」と答えるのがやっとであった。もちろん、このマンションの植栽管理が官庁工事であるはずがない。そのようにした理由は不明であるが、あるいは、C社は何年も継続して植栽管理を請け負うことを前提として、前の写真を後に流用する意図でもあったのかと疑われる。

第5に、C社の代金請求書の体裁も奇異なものであった。請求日付を欠いているのである。これでは正規の帳票として扱われないから、仮に、税務調査が入った場合には応接に困るであろう。請求額と支払額は対応していたが、不可解であった。

これだけでも、C社の不誠実な仕事ぶりには呆(あき)れてしまう。しかし、それを上回る驚愕の事実が判明したのである。

54 コンプライアンスの かけ声と現実（後編）

　Aさんとその奥さんは、マンション管理組合理事会の呼びかけに応じて、ボランティアとして庭園の植栽管理の運営を洗い始めた。造園も手がけたC社が、管理組合から植栽管理の委託を受けている。Aさんらの調査の結果、大小の問題が次々と判明したが、そんなことが吹っ飛ぶようなメガトン級の驚愕の事実が発覚した。

　Aさんは、庭園の樹木の樹勢について別の植栽業者にみてもらうことにしたが、その際、自分も一緒に、庭園竣工図面と見積書を持って、実際の庭園とを見比べて廻ってみた。素人には、低木はともかく、落葉高木、針葉中木、常緑高木といった樹種はよくわからないが、専門家には一目瞭然である。

　その見回りの結果は、何と、見積書に出てくる落葉高木（7〜9m）34本が存在しなかったのである。つまり、C社は、実際は100本ほどの樹木を持つ庭園に、見積書上、さらに34本もの落葉高木を架空に計上していたのである。

　そして、C社は、ありもしない樹木の剪定、薬剤散布、施肥などをしたとして、その作業報酬を不正に請求し、管理会社B社は、これをチェックなしに支払っていたのである。その期間は、発覚時まで、実に1年半に及んでいたが、これがAさんら住民によって指摘されなければ、いつまで続けられたかわからない。どうしてこのようなことが起こったのか、C社は住民らに説明する必要がある。

❖ ……… 前代未聞の不正請求はなぜ起こったか

　第1に、C社は、この庭園の造園工事を行っている。そうであれば、当然、植えた樹木の本数はわかっているはずであり、間違えるはずはないではないか。それなのに、どうして誤って計上がされたのか。C社は、造園と植栽とは部署が異なり、連携が悪かったため、こうした事態が生じたと説明した。しかし、管理会社であるB社は、造園したC社こそが植栽管理に最適であるとしてC社に管理させているのであるし、これほど内部の連携の悪い会社（当時、某証券取引所2部上場）があるとは、信じ難い。

　第2に、連携が悪く引き継ぎをうまくしなかったとしても、34本もの落葉高木を架空計上しているのはどうしてなのか。C社は、「設計段階での図面の樹木の本数を引き写した際のミスである」と説明した。つまり、現状よりも落葉高木が34本多い設計をしていた時期があるというのだ。Aさんは「それでは、その図面を見せてほしい」と頼むと、ないと言う。「発注図面であれば残っているはずである」とAさんがさらに開示を求めると、「紛失した」と回答した。Aさんは、庭園を設計した事務所に確認し、「設計段階において、落葉高木34本というプランは出たことがない」と判明した。C社は、答えに窮した。

　第3に、C社担当者は、庭園完成後、確定見積書を作成するために、庭園に臨場している。当然、その作業により、正しい本数の見積書ができるはずであるが、そうならなかったのはなぜか。C社担当者は「庭園に臨場した際、樹木の本数を確認しなかった」と弁明した。しかし、見積りは、樹種、本数、場所等を確認して、実際にする作業の時期と頻度を考え、具体的な数値に落としていくことで

あるから、樹木の本数を確認していないというのは、納得し難いものがある。仮に、担当者の過誤であるとすると、その技術力の低さはプロとして絶望的と言うほかない。

　第4に、スタートで何らかの理由で過誤による架空計上があったとしても、その後、これに気づくことはできなかったのか。C社担当者は、その後、庭園竣工図面を渡されている。これと見積書とは突き合わせるのが通常であるが、担当者は、「その際にも、図面に記載されている樹木の本数を確認しなかった」と、極めて不自然な弁明をした。さらに、担当者は、2年目に、樹木剪定の単価を前年の5割増しとする見積書を作成し、その理由は、「当初の予想よりも樹木の枝が繁茂しすぎて、伐木の処理費用が増加することによる」と説明していた。Aさんは「存在しない樹木の枝の繁茂の状態をどのように確認したのか」と質したが、なお「個別の樹木の本数は確認しなかった」と空しい弁明を繰り返した。

❖ ……… 植栽管理会社の弁明と底知れぬ疑惑

　C社の架空計上は、果たして過誤か、意図的なものなのか。当初、C社は「樹木の本数を数えればわかることを、意図的にするはずはない」と弁明したが、現場に臨場しての見積り時、庭園竣工図面入手時、作業単価アップ時のいずれにも、樹木の本数が是正されることはなかった。そもそも、造園工事をしたC社が庭木の本数を間違えるものか。何度目かのヒアリングの席上、返答に窮した担当者は、ついに、「落葉高木を34本多く計上した理由は不明である」と開き直り、関係者をあ然とさせた。

　当初の植栽管理契約は、管理会社B社とC社との間でセットされている。B社の担当者は、確定見積書を受領した時点で、内容を全

くチェックせず、聞き取りもしていない。さらに、B社担当者は、作業単価アップの際にも点検をすることなく、ありもしない樹木の剪定などの報酬請求に対し、1年半にもわたり、漫然と支払い続けてきた。また、B社とC社とは協力関係にあり、他の複数のマンションで同様のポジションを維持している。これらを考えると、管理会社B社の関与の可能性が囁かれても、あながちおかしいとは言えない。B社は「C社を信頼しており、見積書の内容の審査が疎かになり、管理組合に対する助言を怠った」と詫びたが、住民と一緒に欺かれていたとすると、その管理業務の力量の低さに驚かされる。

落葉高木34本の架空計上・不正請求・チェックなしの支払いという前代未聞の詐欺的行為と、C社が庭園竣工図を管理組合に交付しなかったことや、契約書を作成しなかったこと、請求日付のない請求書で請求していることなどとは、底でつながっているようにも思われる。しかし、なぜこうした事態が起こったか、住民にはついに最後まで明らかにされなかった。

結局、C社との契約は解除され、不正受領分は返還されたが、刑事告訴はされなかった。C社は、その後、上場を廃止したが、その後も公共工事の入札において独占禁止法違反行為をしたとして公正取引委員会から同意審決を受け、指名停止処分に付されている。

B社は、国土交通省関係機関から、本件について、厳しい行政指導を受けた。

企業のコンプライアンスの行方は、かけ声ではなく、誠実・真摯な内部の取組みと、チェックし不正をただすリーガル・リソースの供給量にかかる。Aさんは、今そう感じている。

55 リーガル・リスクと交渉戦略・意思決定

　一部上場の中堅ゼネコン会社が、資金力のあるA社と、資金力はないが土地を持っているB社とが協力して行うマンション建設共同事業について建築請負契約を結んだ。しかし、契約関係をみると、事業展開しているA・B2社のうち、片方の資金力のないB社だけが注文者となり、ゼネコンが請負人となる請負契約になっている。土地とマンションの所有名義人を同一にしておいた方が事業所得について税金が安くなるという、B社の要請に基づくもので、節税対策とのことであった。

　ゼネコンとしては、建築請負代金支払いの確保を考えると、当然のことながら、A社も当事者になってほしいという意向を持っていたが、契約締結交渉の末、ゼネコンとB社とが契約当事者として明示される契約書が作成されたのであった。

　この契約締結交渉については、どのように評価すべきか。ゼネコンとしては「A社も当事者にしたいのはヤマヤマではあるが、B社の言うことを聞かないと工事が受注できないから、仕方がない。営業マインドからは、やむなし」というところかもしれない。もっとも、ゼネコンの法務担当者は、B社だけが当事者では心配だと考えて、A社も契約の当事者として受注すべきという意見を述べた。

　契約締結交渉過程では「最終的にはA社も請負契約の当事者になる」という口約束があったともいうが、結局、最後までA社との間での請負契約書が作られることはなく、マンションは完成した。

　そして、施主であるB社にマンションが引き渡され、さらにA社

に占有が移転した直後にB社は倒産した。その結果、ゼネコンは建設請負残代金支払いのためB社から受領していた手形が不渡りになり、マンションについて留置権などの権利主張をすることもできず、工事代金の相当部分が回収できなくなった。「それみたことか」という顛末(てんまつ)であるが、ゼネコンは債権を回収するために、B社と実質的に一緒に事業を展開していたA社を被告として損害賠償請求訴訟を提起した。

❖……交渉に際しては選択の余地があったはずだが

上場会社でもこのような杜撰(ずさん)な契約管理をしているのかという印象を受けるエピソードであるが、リーガルな観点からリスクを回避するよう契約締結交渉の戦略を立てるべきだった。

第1に、ゼネコンとしては、何としてもA社も請負契約の当事者となるよう、交渉すべきであった。

第2に、A社を契約書に当事者として明示できない場合であっても、念書を取っておくべきであった。すなわち、「税金対策上、土地・建物の名義を一本化するために、書面上は請負契約の当事者をB社とするが、A社も契約当事者である」という内容の念書を取っておけば、本件のような事態は回避することができた。

第3に、それもかなわなければ、契約締結交渉において、B社のゼネコンに対する債務をA社も連帯保証する旨の連帯保証契約を結んでおくことが考えられた。ゼネコンとしては、「請負契約の当事者をB社だけにすることは、節税対策ということで了解します。しかし、共同事業としてマンション建設をされるのですから、請負代金について連帯保証をしてもらえないでしょうか」という交渉は、決しておかしなものではない。

そのように交渉したとしても、A社に「連帯保証は勘弁してください」と断られることはある。

連帯保証をする場合、取締役会における決議が必要であるから難しいとか、あるいは株主に開示する財務諸表の中にそれが出るのが嫌だということが想定される。そうした返答は、A社のB社に対する関係性を表しているから、ゼネコンとしては、それならB社との請負契約を取り止めようという選択もあり得たであろう。

❖ 契約ほしさに中途半端な予測のまま締結

以上のすべてが不首尾であっても、請負代金債権保全の観点からは、まだ交渉のやりようがある。B社の請負代金支払時期の約定を工夫することである。このケースでは、請負残代金を完成したマンションの引渡しと同時に支払う旨の契約にしておけば、本件のような事態は避けることができたのだ。

この交渉は、リーガルな面からは、多々手抜かりがあったと言わざるを得ない。弁護士がこの案件に関与していれば、以上のようなアドバイスをし、債権回収リスクを軽減する手立てを講じたはずだ。

ただ、営業ベースで考えると、請負契約を締結した時期における市場の状況によっては、ゼネコンと施主との間の力関係に相当の違いがあったかもしれない。つまり、ゼネコンが暇で「工事をどんどん受注したい」「仕事をほしい」と焦っているような状況のときと、施主の側で「工事してくれる信頼できるゼネコンをみつけるのは大変だ」という状況のときとでは、バーゲニング・パワーに大きな違いがみられるからだ。

一般論として、ビジネス案件に対処する場合には、①リーガル・

リスクがあるかどうかを認識する必要があり、②リーガル・リスクが予測されるときには、それを回避・軽減することのできる方法・手立てを検討する必要がある。そして、③リスク回避・軽減が可能な手立てを講ずることができないときには、リスクを織り込んでもなお、そのビジネスチャンスを生かすことによりメリットがあるか経営判断し、覚悟の上で、その契約を締結するというプロセスを経るべきであろう。

契約締結交渉においては、紛争発生を未然に予防するという予防司法の観点からも、自己の権利実現を図るという戦略司法の観点からも、リーガルな視点は必要不可欠であるが、ビジネス・パーソンとしては、リーガル・リスクを織り込んだ上での意思決定が求められるのである。このゼネコンは、その意味では、リーガル・リスクの予測が中途半端であり、これを織り込む覚悟もないまま、契約を結び、その結果、最悪の事態を迎えることになったと言える。

このエピソードの元になった実際のケースでは、B社代表者に問題があり、請負代金を含む会社の資金を着服して自己名義で投資していた。これが行き詰まったことから、B社の倒産を招いたという事情があった。その意味では、A社もゼネコンも程度の差こそあれ、いずれも被害者という立場であることが、この訴訟の過程で判明した。そこで、「A社が分譲するマンション居室の何戸かの所有権をゼネコンに譲渡することで、請負残代金の一部の肩代わりをする」という内容の訴訟上の和解で終了したが、ゼネコンには高い授業料となった。

56 株は勝手に買われてしまったのか

　訴訟当事者の言い分が真っ向から対立している事件は、しばしばみられる。「言った、言わない」の類の争いは、結局、両者の言い分や証言をよく整理して、どちらの言い分が経験則に沿っていて、自然であり、合理的なものとみられるかを吟味していくことになる。

❖ ……… 勝手に株式買付され売却損が発生

　その好例が、ある大手証券会社を被告とする顧客Aさんからの損害賠償請求訴訟のエピソードである。証券会社の営業担当者BがAさんから注文がないのに勝手にC社の株を買い付けたとして損害賠償請求がされたケースであった。

　Aさんは、投資信託を購入した程度の経験はあるが、もともと株の取引はしていなかった人である。担当者BにC社の株の買付を勧められたことがあったが、はっきり断った。しかし、その後、株式取引報告書が送られてきて、みると、C社株を2万株買い付けたことになっている。Aさんは、直ちに担当者Bに抗議の電話をしたという。ところが、抗議をしたその日にもさらにC社株を6000株買い付けたことにされていた。

　Aさんは、これにも抗議をするとともに、Bの上司宛てに何回か抗議の手紙を書いたが、ラチがあかない。担当者Bは「いや、確かに、AさんからC社株の買い注文を受けました」と言い張る。しかも、Bは「2回目の6000株の取引もあるじゃないですか」とも言っ

ている。そうしたことから、証券会社からは「Aさんに無断でした取引ではない」という至極形式的な回答がされた。

その後も、Aさんは、なお証券会社と交渉を続けたが、C社株の株価が値下がりを続けるため、損切りをする覚悟で2万6000株全部を売却したところ、売却損が発生した。

❖ Aさんの注文か、営業担当者Bの独断か

争点は、もちろん「AさんがC社の株の買い注文をしたか」である。このような場合、Aさんに、いわゆるクレーマーという人物属性が認められると、その言い分の説得性は大きく低下する。しかし、このケースのAさんは、60歳代の紳士で、過去に証券会社との間でこの種のトラブルを起こしたことはなかった。

第1のポイントは、Aさんが、株式取引報告書が届いた直後に、担当者Bに抗議をしていることだ。注文をしていれば、抗議などはしないはずである。しかし、その抗議はAさん本人がしたのではなく、実は、Aさんの奥さんにさせたものであった。証券会社は、抗議をAさん本人がしていないのは、実際はC社株を買付注文したという弱みがあったからだと反論した。Aさんは、その日に遠くに出張する用事があったので、一刻も早くということで奥さんを通じて抗議させたが、その後、Bからこの件で、Aさんに釈明の電話をかけてきたと反駁(はんばく)した。

また、Aさんが、この取引を否認する動機は、株価下落で予想外の損失を被ったことによるものであると推測される。しかし、Aさんは、C社の株価がさほど下がっていない時点から、一貫して買付は無断であるとして抗議を繰り返している。こうした事実を、どのように評価したものか。

第2のポイントは、担当者Bの動機をどのように考えるかである。Bが無断買付をしたとすると、当然のことながら顧客からのクレームは避けられない。Bは、果たして、そのようなリスクを冒すであろうか。ところが、その証券会社は、ちょうどその時期にC社の株を大々的に推奨株とするキャンペーンをしていたという背景があった。当然、担当者Bにもノルマがあって、顧客の誰かにC社の株を売らなければいけないという事情があった。Bが無理をした可能性がないとは言えないのだ。無理をしても、C社の株価が上がれば、結果として、Aさんにも喜んでもらえるのではないかと、Bが目論んだフシはある。しかし、単なる可能性で、この争点に結着をつけるわけにはいかない。

❖……録音した証拠物件を消去　不可解すぎるBの対応

　改めて考えてみると、「株式の買付注文をしていないのに買われてしまった」というクレームは、証券会社の営業担当者にとっては、鼎の軽重を問われかねない致命的なものである。そこで、裁判官は、証券会社訴訟代理人に「こうしたクレームには、相当慎重に対応すべきだという社員教育をしているでしょう」と尋ねたところ、「そのとおりです」と言う。

　そうすると、例えば、Aさんの奥さんの抗議の電話の後、担当者BがAさんに釈明のために電話した折には、「どう言った、こう言った」ということが後日必ず問題になることが想定されるから、Bは録音テープをとるはずである。しかも、AさんがBの説明・説得を容れて、その日にさらにC社の6000株を買い注文したと主張しているのであるから、そのやり取りは、大変に重要である。

　裁判官は、そう指摘して、「こうした場合、録音テープをとるこ

とを社員に指導しているか」と聞いたところ、イエスと言う。それでは、録音テープはあるかと聞くと、「録音はしていなかったようだ」という返事であった。

　証券会社の営業担当者が、株買付注文にまつわる致命的なクレームを受け、電話のやり取りをテープに録音する装置があり、そのように指導されていたのにもかかわらず、最良の証拠を残さなかったと言うのだ。これは、どう考えても不自然な話ではないか。そもそも「AさんがC社の株の買い注文をした」という事実の主張・立証責任は、証券会社側にあるのだ。

　結局、このケースでは、Aさんの買い注文の事実は立証されていないという理由で、Aさんの請求が認められた（東京地判平成12年12月12日判タ1059号159頁）。証券会社は控訴したが、控訴棄却になった。

❖ 損失額半分負担の和解案を拒否した証券会社

　このケースを整理すると、以上のとおりになるが、実際には、薄皮を一枚一枚削いでいくような微妙なところがある。どちらの言い分が経験則に沿っていて、自然で合理的なものかを吟味するのだといっても、薄皮の削ぎ取り方法と評価如何（いかん）によっては、その勝敗は逆転しかねない。

　そこで、裁判官は、途中で「Aさんの損失額の半分を証券会社が負担するという和解も考えられるかどうか」と勧めてみた。Aさんは早期に解決するならそれでもいいとの意向を示したが、証券会社は、「担当者Bのその後の処遇にかかわることでもあるので」として、拒否した。その結果、Aさんの請求全額認容の判決を受けることになったのである。

57 善き人のための民事裁判

　2006年に制作され、数多くの賞を受賞したドイツ映画『善き人のためのソナタ』は、数多くの賞を受賞したが、ベルリンの壁崩壊前の1984年の東ベルリンを舞台にしたものである。国家保安省（シュタージ）の局員ヴィースラー大尉は、反体制の疑いのある劇作家ドライマンとその同棲相手の舞台女優クリスタを監視するよう命じられる。アパートに盗聴器を仕掛け、監視を開始するが、次第に、彼らの世界に共鳴していく。そして、ドライマンが友人に楽譜をもらって弾いた「善き人のためのソナタ」を耳にし、ヴィースラーは感動に震える。

　その後のストーリーを語るのは、この名画をみていない人の感興をそぐことになるから、野暮と言うものであろう。原題の「他者の命」を「善き人のためのソナタ」という邦題にしたのは、担当者のお手柄であると思う。そのタイトルは、印象の秀逸さもあって、永く記憶に残る。

　この映画のタイトルからの連想で、「善き人のための民事法」「善き人のための民事裁判」というフレーズが脳裏をよぎった事件がある。

❖ ……「善き人」不在の事件

　Aは、自己所有の土地上に賃貸マンションを2棟建築したいと考えた。そこで、建物設計企画業者Yに依頼し、Aを注文者・Yを請負人とするマンションの建築工事請負契約を結んだ。Yは、これを

受けて、工務店Xとの間で、Yを注文者・Xを請負人とする建築工事請負契約を締結した。ここまでは、土地持ちが賃貸マンションのオーナーになって利殖を図るという、世間でよくある話である。

しかし、この件は、実にきな臭いのである。Aは、建築確認を取得した後に、これとは違う居室数の多い建築基準違反の建物を建築しようと目論んでいたのだ。賃貸マンションだから、部屋数が多い方がより利益が上がる。それはそうだが、そんなことをすれば、建物の耐震性は大幅に低下し、居室賃借人の安全を損なうし、北側斜線制限や日影規制にも違反して、近隣の住民にも迷惑をかける。

したがって、まともな人なら、このようなことを計画しない。また、まともな建物設計企画業者なら、このような依頼を受けない。担当の1級建築士が資格を失いかねない違法な事柄であるからだ。さらに、まともで技術力のある工務店なら、やはり、こんな請負契約を結びはしない。

そのようなことから、Aは、Yをみつけるまでに多くの業者に打診し断られているし、YもXをみつけるのに苦労している。しかし、広い世間には悪徳業者はいるもので、Aの建築基準法違反のマンションを建てるという強欲で無法な要望に応えようという役者がそろった。その手口は、建築確認手続では法に従った図面を自治体に提出して、建築確認を得て、その図面どおり施行し、完了検査済証交付後に別の実施図面により施行し直して、居室を増設するという巧妙かつ悪質なものであった。

工事は順調に進むかにみえたが、悪いことはできないもので、トラブルが発生し、工事は遅滞した。その挙句に、Xは工事を投げ出し、別の業者が入って仕上げた。

そして、XとYとの間で、訴訟となった。Xは、Yに対して請負

残代金および追加変更工事の代金（2610万円余）を請求（本訴請求）した。これを受けて、Yは、Xに対し、施工瑕疵(かし)、工期の遅延等を主張して、請負契約の債務不履行または瑕疵担保責任に基づく損害賠償請求（4081万円余）（反訴請求）をして、対抗した。

　一審判決は、通常どおり審理した上で、本訴請求を2426万円余、反訴請求を1154万円余、いずれも一部認容した。これに対して、XとYの双方とも控訴した。

　改めて考えてみると、XとYとは、国の定めたルールを真っ向から無視し、不正に利益を獲得しようと画策した悪辣(あくらつ)な一味である。それが、首尾よくいかずに仲間割れした後に、国民の税金で運営されている裁判所に解決を求めてきたのだ。こんな虫のいい提訴を、裁判所が、手間と時間をかけて取り上げることは果たして適切なのだろうか。

❖ ……… どこまでも争う両者に控訴審が下した判決は

　控訴裁判所は、そのように考えて、口頭弁論期日において、本件請負契約の悪質性を指摘して、本訴・反訴の取下げを勧告した。Yは、当初これを了解したが、Xがこれを拒否したため、Yも双方取下げでなければ嫌だという態度に転じた。双方取下げであれば、Yの方が計算上得になるからであろう。

　そこで、控訴裁判所は、X・Yが企んだ建築基準法違反の悪質性の程度・実害などにつき監督官庁に対して調査嘱託をし、双方の意見を聴取した後、判決を下した。

　XとYがしたように、建築確認を騙(だま)し取り、建ぺい率・容積率違反、北側斜線制限違反、日影規制違反、耐火構造規制等に違反する建築基準法違反のマンションを建てようとしたケースに対する裁判

所の対応としては、二通り考えられる。

　第1は、このような提訴は、訴権濫用であり訴訟要件を欠くとして、訴えを却下する方法である。実定法秩序に反する違法な目的を有する契約から発生する請求権なるものについては、国家が強制力を伴う形で権利実現を図ることを避けるべきであるからだ。つまり、こうした申立ては、裁判所として取り上げないという扱いである。

　第2は、本件請負契約を公序良俗に違反すると評価して、契約を無効にする方法である。この場合には、本訴請求・反訴請求はともに棄却になる。特定の契約が公序良俗違反により無効であるとする主張は、その主張をして有利になる側の当事者が行うのが通常である。しかし、双方がダーティーである場合には、どちらからも、そうした主張がされることはない。それでも、裁判所は、当事者が公序良俗違反による無効を明示的に主張しなくとも、これに該当する事実の主張がされていれば、その判断をすることはできる。

　控訴裁判所は、第2の方法を取った（東京高判平成22年8月30日判時2093号82頁）。類似事例で、そのような先例（東京高判昭和53年10月12日高民集31巻3号509頁）があったからであるが、本訴・反訴とも訴え却下という結論も十分あり得た。

　「善き人のための民事法」「善き人のための民事裁判」であることは大切だ。そのためには、裁判所が適時・適切に権限を行使し、悪人の高笑いを封じることが必要不可欠であると思う。

ユニット 7

裁判官の日常

58 挨拶はたいへんだ

『挨拶はたいへんだ』。丸谷才一氏にそうしたタイトルの本がある（朝日新聞出版、2001年）。丸谷氏は、前もって挨拶の原稿を書いておくそうだ。急にその場で依頼された場合でも、頭の中で完全原稿を作るのだという。

確かに、丸谷氏ほどの文才とセンスがあれば、原稿を作っておけば、それだけで、1冊の本が編めるのだから、偉いものだと思う。

何かの受賞のお祝いの会などで、来賓挨拶の代読が続き、それが紋切り型であると、ややうんざりする。その後で、自分の言葉で秀逸な挨拶をする人が登場すると、得をした気持ちになる。

ある弁護士会主催の人権賞受賞後のセレモニーで、当時最高裁判事のEさんのされたスピーチには、とても感心した。現代社会における人権の意義を短時間で要領よく語り、受賞者の活動の意味合いを述べ、称揚し、さらに敷衍して、聞く者皆をほのぼのさせたのである。こう書いただけでは、とてもその場の雰囲気を伝えられないのがもどかしいが、格調と優しさが共存していたのだと思う。

丸谷氏は、この本の中で、井上ひさし氏と対談をしていて、「時間は5分くらいがよい、人の悪口を入れることによって沸かせる手は程度が低くて損だ」と語り合っている。その場にいない人のことであっても、関係者や友人がいることがあるから、批判やゴシップはいいが、悪口や陰口はご法度だと言う。

なるほど、同感だが、実際には、毒舌をもってウケを狙う挨拶にはしばしば出くわす。

❖ ……… 挨拶にも最低限必要な配慮

　教え子の弁護士Ａ君の結婚式での出来事である。

　新郎の主賓は、勤務する法律事務所の律儀なボス弁護士であるＢ先生、新婦の主賓は、父親の知人だという政治家Ｃ先生だ。Ｂ弁護士の挨拶は、新郎がいかに前途有望であるか、その仕事ぶりを詳細に述べて、祝いの言葉に代えた。

　その後に登場した政治家Ｃ先生は、ほかの用事を控えていてイライラしていたのでもあろうか、開口一番「弁護士の挨拶は長くていけない」とやった。その言い方に愛嬌があったため、笑いが起こった。Ｂ先生は項垂れこそしなかったが、内心穏やかならざるものがあったはずだ。

　披露宴が進み、私のスピーチの番がきた。私は、予定した挨拶に加えて、「新郎Ａ君の勤務ぶりをＢ先生のご挨拶でお伺いして、本当によく頑張っていることがわかり、うれしく思った。法律家の真骨頂は論より証拠である。証拠の裏づけを伴ったＢ先生の主賓挨拶は、まさしく法律家の挨拶の鑑である。そうしたＢ先生の薫陶を受けられるＡ君の大成は疑いない」という趣旨を盛り込んだ。

　Ｃ先生は、私のスピーチの途中で退席したが、立腹したのではなく、ほかの用事があったのであろう。披露宴のお開きで、私はＢ先生と握手を交わして別れた。Ｂ先生とは初対面で、何も言われなかったが、その気持ちは伝わってきた。

❖ ……… その場の空気を読み込むこと

　結婚披露宴のスピーチは、忌み言葉などを使わないように配慮すべきであるから、事前に練習するかはともかく、内容を固めておい

た方がよい。

　ある披露宴で、「まちがいのあった結婚」と言いかけた来賓が、すぐに「待った甲斐のあった結婚」と言い直したのを聞いたことがあるが、これには冷静さと、場数を踏んでいる貫禄を感じさせられた。

　乾杯の音頭取りを頼まれていた披露宴で、乾杯までに、実に3人の重厚な挨拶が続いた。新郎からは、スピーチをした上で乾杯の発声をというリクエストだったが、会場に漂っていた倦み疲れたムードを察知して、一言にとどめて乾杯して、皆に喜ばれたことがある。折しも当日、外は嵐であったから、「嵐の日に結ばれた二人は、終生幸せになるという諺が、ヨーロッパにあると聞いています。まさしく、そんなお二人に乾杯！」で済ませたのだ。

　社交の場面での挨拶は、苦労はあるにしても、その巧拙が、ほかに波及することは多くない。しかし、仕事の場面での挨拶は、そうではない。世の多くの管理職が頭を悩ませるところである。

❖……… 聞く者に耳を傾けさせる挨拶はできるか

　裁判所長ともなると挨拶する機会が増える。裁判所職員は、皆礼儀正しいから、聞き流すようなことはしない（と思う）。これに対して、裁判官はどうか。自分の経験によれば、若い頃は「エライさんの挨拶などは型どおりで面白くない」とロクに聞いていなかったように思う。しかし、立場が変われば考えも変わる。というよりも、挨拶の中で伝えたいメッセージがあることがわかってくる。形式的な挨拶であっても、裁判所を取り巻く情勢など、それなりのメッセージや実際に伝達したい事項があることが少なくないのだ。

　何とか、かつての自分のような若者にも「聞きたい」と思わせる

挨拶ができないものか。それには、挨拶を工夫するほかない。スピーチ集の類は、ほとんどの場合、参考にはならない。何を伝えたいのかを整理し、自分の言葉で語るほかないということだろう。

　苦心惨憺（さんたん）し、あれこれ試した結果、挨拶に印象的なエピソードを入れたり、豆知識的な情報を入れると好評のようだと判明した。さらに好評価を得る秘訣（ひけつ）は、エスプリの香りを漂わせることである。「エスプリというより、単なる駄洒落（だじゃれ）じゃないですか」という反響も一部にあったが、所長挨拶に耳を傾けさせる効用はあったと思う。もしかすると、彼らに傾けさせたのは、耳でなくクビであったかもしれない。

　挨拶に落ちを付けるというのも心憎い手法だ。うまくいくとドッとわくし、「してやったり」という気分になる。しかし、いつもうまくいくとは限らない。「今回の挨拶はどうかしたのですか」という質問には、期待が裏切られたとの思いが込められている。

　そこで、どこで落とそうかと考えをめぐらせて、挨拶に臨む。この場合、原稿メモを読むようなことはできない。メモをみて冗談を言うようでは、聞く側が白けるからだ。そうすると、時に困ったことが生じる。落ちの方に頭がいきすぎて、肝心の伝えたい中身の一部を落としてしまうのだ。

　やはり、挨拶はたいへんだ。

59 学者と実務家

　法学研究者と法律実務家では役割の違いに応じて、法解釈のスタンスや制度運用に対する見方が異なる。両者のメンタリティ、さらには関心の方向にも違いがある。実務家としては、学者の良質の果実を摂取することが賢明であるのだが、そのためには、自画像を描いてみる必要がある。その上で、両者のコミュニケーションを通じて相互理解を試みることが大切ではないか。

　かつて、ある民事訴訟法研究会の新年会のスピーチで、このことに触れたところ、その場に斯界の第一人者である三ケ月章先生が参会しておられた。

　このスピーチは、先生の琴線に触れたのか、幸いにも、「訴訟イデオロギーと訴訟技術改革の関連をめぐる一立法家の省察」という講演の中で紹介され、コメントしていただくという栄に浴した（この講演は、三ケ月章『司法評論Ⅱ―講演』141頁〈有斐閣、2005年〉）。

　講演の中で、先生は、

　「どうしても学者の関心と実務家の関心が離れていくおそれがこの日本には多分にある。しからばどういうような離れ方をするかでありますが、きわめて具体的な形で問題を出してみましょう」。

として、

　「たまたま今年の新年会に司法研修所の加藤新太郎教官が来られました。司法研修所の教官ともなりますと、裁判実務ばかりやっているのとは違いまして、学校から巣立ってきた若い修習生の指導もしなければならない。学者との付き合いもしなければならない。だ

から普通の裁判官としての仕事をしているよりも学者との付き合いが多くなった。

そこで、学者と実務家というものを照らし合わせて見ると、いろいろとおもしろいことを発見しましたということで、…話してくれました」と、私のスピーチに、次のように言及された。

❖ ………「自分たちは正しい」実務家は善意の押し売り

「司法研修所の裁判教官としての立場で、民訴法学者といろいろ交流をして感じたことらしいのですが、学者に比べて日本の裁判実務家にどういう特徴があるかというと、自分がやっていることは非常にいいことだ、国家のため、国民のために非常に役立っていると信じている、あるいは信じたがっているというのです。そうして自分たちは一所懸命にこういう忙しい中で訴訟の処理に追われつつもいろんな工夫をし、頑張っている。それなのになぜ学界の人達が冷やかな反応を示したり、弁護士会が反対してみたりするのか、不審に思いがちだ。

自分たちが国民皆にとってもいいことだと思って提言していることがどうしてすんなりと通っていかないのだろうか、と非常に不思議に思うようになる。それは非常に善意なのだけれど、自分が正しいことをやっていると思うものだから、どうしてそうなるのかと反省する余裕もなく馬車馬のように進んで行きがちだ。

そういう形で善意の押売りになるおそれがあるというのが実務家の一つの落し穴である――というのです」。

❖ 大局的に物事を分析するが
　　　現実問題を避けたがる学者

　確かに、このような趣旨のことを述べたが、当時の私は、民事裁判教官になって1年目であり、現場では、民事訴訟の審理充実事務が推進されていた。

　先生の講演は続く。

　「これに対して、学者というのはどういう人種かというと、それとは反対で、さっきも言いましたように、国民の関心と専門家の関心の中間に自分を置くわけですから、実務家のように自分のやっている今の路線が正しいのだと信じこむことはなしに、それを非常にクールに眺める癖がある。クールに眺めるとはどういうことかというと、日本以外の、世界の他の国では同じような問題がどう処理されているか、それは過去においてどうであって、どういう経緯でこうなってきたのかという具合に、縦の座標軸―歴史―と横の座標軸―世界の動向―というのを常に頭の中に設定しながら日本の現実の問題を考えていくという習性がある。

　それは物事を大局的に見るという点では非常に優れているのだが、さて、そういう分析をしてみたところで、じゃあお前は、今の日本でその具体的な問題についてどういうようにすべきだというのか、そのために何をしたらいいと考えているのかという段になると、なにぶん実務から離れているものですからインパクトも少ないし、第一自分に実務の感覚がないから、あまり踏み込んで発言する自信もない。うっかり口にして『そんなことは実際と隔っているよ。』と言われると嫌だから、なるたけそういう議論には立ち入らないようにしようとする。……大局的にクールに眺めるのはいいの

だけれども、現実の問題に対する態度となると、逃避ばかりしていて狡(ずる)い、学者は無責任である、ということになる。こういうのが学者先生と付き合うようになって出てきた一つの認識だ――と加藤教官があいさつしたのです」。

新年早々、和気に満ちた新年会の場のスピーチであるから、ユーモアを込めて話したつもりだったが、何やら実務家が研究者に喧嘩(けんか)を売っているような不穏な内容のようにも受け取られかねない。

しかし、三ケ月先生は、そのような皮相的な受け取り方をされなかった。

「おそらく、加藤教官のおっしゃりたいことは、実務家は……、自分たちのやっていることの中にはこういう限界がある、それは諸外国の動きなり、日本の歴史的な伝統から見ると、もっと謙虚に考えるべきいろいろな問題があるようだから、もうちょっと自己の立場を離れて大局的に考えるくせをつけないといけないのではないか、という指摘だと思う」。
と、コメントされたのである。

❖ フローとしての情報をストックにして学説に学べば鬼に金棒

私が発信しようとしたメッセージは、実務家もきちんと学ぶ姿勢を持っているから、研究者はホットな問題について、原理的観点、歴史的観点、政策的観点に加えて、比較法的にみて、このように考えるべきであるという見解を打ち出すことに憶病にならないでほしいというものだ。三ケ月先生は、これを的確に受け止められた。

さらに言えば、学者はストックとしての情報はたくさん持っているが、対する実務家は、次から次へ、今の時代に生起する現在の法

事象を、今の法的枠組みでどう解決するかを常に判断しているのであるから、フローとしての情報量は膨大である。実務家は、その豊かなフローとしての情報を、何とか自分の中でストックに変えていく工夫と心がけが大切である。その上で、研究者のエッセンシャルな学説を学べば、まさしく鬼に金棒であると思う。

60 日本人は、なぜ水戸黄門が好きなのか

　水戸と言えば、何と言っても、水戸黄門である。
　水戸市内には、JR水戸駅前の助さん、格さんを引き連れたおなじみのものをはじめ、黄門の銅像がいくつもみられる。

❖ ……… 黄門様ご一行の諸国漫遊スタイルは明治から

　水戸徳川家第2代光圀公は、退隠して権中納言の官位を贈られた。中納言は唐の官名で、その屋敷の門は黄色に塗られたことから、黄門と呼ばれたが、わが国では、光圀公の人気の高さから、黄門は光圀公の別称のようになっている。水戸の人が黄門を慕い、敬愛するのは、よく理解できるが、黄門人気は全国区である。
　元禄13年（1700年）に、光圀公が逝去された折に、江戸市中に、「天が下　二つの宝はつきはてぬ　佐渡の金山　水戸の黄門」という落首が出たというから、当時から江戸でも人気があったことがわかる。ちなみに、私は新潟地裁に勤務したことがあり、管内には佐渡支部を控えていたが、水戸に赴任後に、この落首を知り、二つの宝を備えていた地で勤務する因縁を感じたものである。
　司馬遼太郎氏は、当時世論などはなかったから、おそらく江戸城のお茶坊主たちが言いそやしたことから、光圀公の徳望が喧伝されたのだろうと推測している（『街道をゆく37』221頁〈朝日新聞出版、1992年〉）。江戸末期には、ある講談師が、伝記や十返舎一九の『東海道中膝栗毛』を参考にして、黄門が俳人を連れて諸国を漫遊して世直しをするという話を創作し、人気を博したそうだ。しかし、現

在のように、助さん、格さんがお供をする黄門漫遊記として語られたのは、明治初年の大阪の講釈場であったという。

それ以降、戦前から何度も映画化され、テレビでも不倒の長寿番組として、お茶の間を楽しませている。

なぜ、かくも黄門人気は、全国的に、かつ安定的、継続的に続いているのであろうか。

❖ なぜ、お茶の間で人気を博するのか

三井哲夫先生は、私の司法修習生時代の恩師（民事裁判教官）であるが、この難問に果敢にチャレンジされ、「金さんの刺青と黄門の印籠」なるエッセイをものしておられる（『かわいそうなチェロ』33頁〈近代文芸社、1993年〉）。弟子の私も、これに依拠して、考えてみたい。

第1に、現実の社会においては、常に必ずしも正義が勝つとは限らないが、せめてドラマの中では勧善懲悪で、正義が実現してほしいと願うのは庶民の偽らざる気持である。黄門人気は、こうした庶民の「正義の味方待望説」により一応説明できそうである。しかし、社会心理学の教えるところによると、天下の副将軍たる現世の権力者が大衆的人気を得ることは普通はあり得ない。

そこで、第2に考えられるのは、「変身願望説」である。人は誰も、ほかの何者かに変身したいという願望を潜在的に持っている。越後の縮緬問屋のご隠居が突如天下の副将軍となって悪人を懲らしめるという思いがけない変身に喝采するという見方である。もっとも、変身型ヒーローは、スパイダーマンやスーパーマンのように変身前の平凡な人物と断絶しているのが基本であるが、黄門様は正体を明かした後も以前としてパッとしない老爺であるから、この説に

も難がある。

　第3に、「民衆関与説」も考えられる。古くは、人々は地域の政治的な取決めや物事の正邪の判断に関与していた。しかし、社会構造が複雑になるにつれて、そうしたことはできなくなる。黄門の活躍は、そうした人々の欲求に応えるものであり、これを形にしたものである。黄門は、初めはあまり見栄えのしない老爺として登場し、副将軍と名乗った後も、そのままの姿に留まっている。つまり、副将軍としての権力の行使は三つ葉葵（あおい）の印籠（いんろう）に代行させて、自分は終始民衆の側にいるのである。そして、人々は、その権力の行使が民衆の意思を体して行われたことをよく知っており、大いに満足するというのが、この説だ。

　第4に、三井先生ご自身は、「法におけるフェティシズム説」をとられる。これはやや難解であるが、日本人は本末転倒の美学を持っており、法の世界においては一種のフェティシズムになって現れると言われる。黄門漫遊記の場合は、印籠を法と正義とを体現するフェティシュとすることにより権力の持つ生臭さを消去しているのだ。悪人たちが恐れ入るのは「三つ葉葵」の印籠に対してであって、天下の副将軍に対してではない。まさしく、日本人特有の本末転倒であるが、黄門人気は、深いところでわれわれの琴線に触れるのである。この説は、面白いが、いささか技巧的にすぎるかもしれない。

　これらに対して、内田樹氏は、視聴者は黄門様ご一行に感情移入して、黄門漫遊記をみているわけではなく、自分たちの似姿である悪人に着目しているのだという。これが、第5の「日本人と権力の関係についての戯画説」である（『日本辺境論』156頁〈新潮新書、2009年〉）。この説によれば、黄門漫遊記は、「虎の威を借る狐（きつね）」の

物語であり、印籠を示すだけの根拠のない権威の名乗りを前にして、自己利益の追求にはそれなりに合理的な悪人どもが思考停止の陥るところにポイントがある。悪代官は、自分自身が根拠のない権威の名乗りをすることで役得を享受しているので、黄門に反問することが封印されている。これは、視聴者にとっては、自分たちの似姿であり、「なるほど私たちの心理はこのように構造化されているのか」と無意識のうちに再認しているのだという。この説は、牽強付会の感がないとは言えないが、面白い。

❖……黄門人気はやはり謎

　結局、黄門人気の理由は、今一つよくわからない。「正義の味方待望説」や「変身願望説」は、シンプルでわかりやすいが、それだけに凡庸との感を免れない。「フェティシズム説」と「戯画説」は、玄人向けではあるが、おそらく広範な支持は期待しにくい。「民衆関与説」は、各説の難点をよくカバーしていて、多数説を形成し得るように思われるが、それほど面白味もない。三井先生は、「通説としての宿命であろうか」と名コメントを付しておられる。

　さらに、わからないのは、「三つ葉葵」の印籠を示し、「天下の副将軍」であるという一方的宣言で、したたかな悪人どもが素直に恐れ入る点である。悪人どもが、「印籠は拾ったものかも、副将軍であるというのは嘘かも」と疑わないのは、リアルさを著しく欠く。

　「フェティシズム説」や「戯画説」ではなく、お芝居の様式美ということで納得したいと思うが、どうであろうか。

KINZAIバリュー叢書

リーガル・エクササイズ
──裁判官から見た「法と社会」「事件と人」

平成27年2月18日　第1刷発行

著　者　加藤　新太郎
発行者　小田　　徹
印刷所　三松堂印刷株式会社

〒160-8520　東京都新宿区南元町19
発　行　所　一般社団法人 金融財政事情研究会
　　編集部　TEL 03(3355)2251　FAX 03(3357)7416
販　　　売　株式会社きんざい
　　販売受付　TEL 03(3358)2891　FAX 03(3358)0037
　　　　　　URL http://www.kinzai.jp/

・本書の内容の一部あるいは全部を無断で複写・複製・転訳載すること、および
　磁気または光記録媒体、コンピュータネットワーク上等へ入力することは、法
　律で認められた場合を除き、著作者および出版社の権利の侵害となります。
・落丁・乱丁本はお取替えいたします。定価はカバーに表示してあります。

ISBN978-4-322-12620-4

KINZAI バリュー叢書

ゼロからわかる コンプライアンス
●宇佐美　豊［著］四六判・148頁・定価(本体1,200円+税)

信託入門
●友松義信［著］四六判・272頁・定価(本体1,800円+税)

日本の知財戦略
●中原裕彦［著］四六判・240頁・定価(本体1,800円+税)

金融商品取引法入門
●栗原　脩［著］四六判・340頁・定価(本体2,000円+税)

最近の不動産の話
●吉田修平法律事務所［著］四六判・260頁・定価(本体1,600円+税)

最新私的整理事情
●田口和幸・加藤寛史・松本卓也・ロングブラックパートナーズ［著］
　四六判・244頁・定価(本体1,800円+税)

社内調査入門
——"守りの法令遵守"から"戦略的不祥事抑止"へ
●中村　勉[著]　四六判・228頁・定価(本体1,600円+税)

再エネ法入門
——環境にやさしい再生可能エネルギービジネス入門
●坂井　豊・渡邉雅之[著]　四六判・320頁・定価(本体1,800円+税)

債権回収の初動
●島田法律事務所[編]　四六判・248頁・定価(本体1,400円+税)

コーポレートガバナンス入門
●栗原　脩[著]　四六判・236頁・定価(本体1,600円+税)

原子力損害賠償の法律問題
●卯辰　昇[著]　四六判・224頁・定価(本体1,800円+税)

クラウドと法
●近藤　浩・松本　慶[著]　四六判・256頁・定価(本体1,800円+税)

最新保険事情
●嶋寺　基[著]　四六判・256頁・定価(本体1,800円+税)